Hermine König

Feste feiern – Bräuche neu entdecken

Arbeitshilfe zum
Großen Jahresbuch für Kinder
Für Grundschule, Hort, Kindergarten und Familie

Unter Mitarbeit von Karl Heinz König
Illustrationen: Heike Auschrat

Kösel

ISBN 3-466-36575-9

Druck und Bindung: Kösel, Kempten
Umschlaggestaltung: Kaselow-Design, München
Umschlagmotiv: Eva Amode, München

Gedruckt auf umweltfreundlich hergestelltem Offsetpapier
(säurefrei und chlorfrei gebleicht)

Inhalt

Ein Wort zuvor 7

Einführung: Mit Kindern die Feste im Jahr neu entdecken 9

Menschliche Schlüsselsituationen 10
Der christliche Jahreskreis 11
Alles will Zeichen sein 12
Das gemeinsame Tun 13

Allgemeine Anregungen 15
(Karl Heinz König)

Vorlesen oder Erzählen 16
Legenden 17
Natur erfahren 17
Erfahrungen mit den vier Elementen 19
Jahreszeitentisch 19
Bilder erschließen 20
Die Bilder im Jahresbuch 21
Betrachtung von Kunstwerken 22
Bildnerisches Gestalten 23
Transparente Fensterbilder 23
Kalender gestalten 25
Tischfigurenspiel 25
Szenisches Stegreifspiel 26
Ersingen der Lieder 26
Einfacher Kreistanz 27
Stilleübungen 28
Mandala ausmalen 29

Arbeitshilfen zu den Kapiteln
des Großen Jahresbuches für Kinder 31

Advent 33
Vom goldenen Licht auf grünen Zweigen
Weihnachten 47
Zur Krippe her kommet
Fastenzeit 61
Von allem, das sich wandelt
Ostern 79
Die ganze Welt jetzt fröhlich ist
Pfingsten 91
Von der großen Begeisterung
Sommerzeit 101
Die Sonne hoch am Himmel steht
Erntedank 115
Viel hat uns das Jahr geschenkt
Allerheiligen 127
Weg durch die Dunkelheit

Anmerkungen 142

Ein Wort zuvor

Verlag und Autorin wurden mehrfach nach der Möglichkeit angefragt, für *Das Große Jahresbuch für Kinder* eine Arbeitshilfe herauszugeben, um die Elemente des Jahreskreises – über die Eigenlektüre des Kindes hinaus – in die pädagogische Arbeit integrieren zu können.
Zusammen mit der überarbeiteten Neuausgabe des Großen Jahresbuches für Kinder liegen diese Arbeitshilfen in Buchform jetzt vor.
Sie führen Kapitel für Kapitel zunächst in den Sinn und die Bedeutung der einzelnen Festkreise und ihrer Feste ein und zeigen die Wurzeln des durch die Jahrhunderte gewachsenen Brauchtums auf. Dabei wird deutlich, wie das Brauchtum voller Sinnbilder ist für das, wonach Kinder auf je verschiedenen Entwicklungsstufen und in je unterschiedlichen Lebenssituationen fragen. So werden die Texte des Jahresbuches für Erwachsene, die mit Kindern arbeiten, in einen größeren Verständnisrahmen gestellt. Dabei laden die Arbeitshilfen Pädagoginnen und Pädagogen sowie Eltern dazu ein, sich zunächst eigene Erfahrungsräume zu schaffen, sei es persönlich oder im Teamgespräch. Das ermöglicht leichter eine lebendige und auch lustbetonte Weitergabe.
Bei den konkreten Arbeitshilfen zu den einzelnen Kapiteln ist vorwiegend an eine pädagogische Arbeit mit Kindergruppen gedacht. Die Anregungen sind ganz offen gefasst, damit sie in die je verschiedene, didaktisch-methodische Arbeitsweise von Kindergarten, Grundschule und Hort integriert werden können. Bis auf wenige Ausnahmen, die vor allem die Gruppenarbeit betreffen, sind die Impulse auch für die Festvorbereitung und Festgestaltung in Familien hilfreich. Als Beispiel seien hier nur Weihnachten, Ostern und Pfingsten genannt, die in besonderer Weise Familienfeste sind.

Allen, die mich bei der Erarbeitung unterstützt, beraten und ermutigt haben, danke ich und hoffe mit ihnen gemeinsam, dass die Jahresfeste sich für Kinder und Erwachsene als eine Brücke zum Leben und zu einem lebbaren Glauben erweisen.

Hermine König

Einführung: Mit Kindern die Feste im Jahr neu entdecken

Wir Menschen feiern gerne und freuen uns auf die Unterbrechung unseres Alltags durch Feste. Sie sind Haltepunkte im Jahresablauf. Wie oft wünschen wir uns ein *Frohes Fest,* doch manchmal auch mit gemischten Gefühlen, weil wir nicht mehr recht wissen, *welches* frohe Fest wir da wünschen. Was bedeutet z.B. die Advents- und Weihnachtszeit für heutige Menschen? Adventskranz und Weihnachtsbaum dürfen zwar nicht fehlen, aber was bedeuten sie über den Dekorationseffekt hinaus? In den meisten Kaufhäusern und auf den Marktplätzen ertönen wochenlang Weihnachtslieder. Aber was wollen Lieder und Kerzen uns mitteilen? Sind sie nicht geradewegs zur Kaufanimation pervertiert? Verlöschen sie nicht im grellen Reklamelicht der vorweihnachtlichen Städte? Ab September können wir schon Weihnachtsstollen, Spekulatius und Printen überall kaufen. Wenn Weihnachten da ist – na da können viele Menschen fast keine Plätzchen mehr sehen. Ab Januar locken dann schon die bunten Ostereier. Und: »Warum feiern Sie Pfingsten?« Da registrieren Spontaninterviews in der Regel fröhliches Kopfschütteln. Da lohnt es, einige Überlegungen anzustellen.

Menschliche Schlüsselsituationen

Wir Menschen sind in einen ganz bestimmten Lebens-Rhythmus eingebunden: wir atmen ein und atmen aus. Sonst könnten wir nicht leben. Wir erleben den Rhythmus von Tag und Nacht, Wachen und Schlafen, von Geburt und Tod, Kindheit und Alter, von Alleinsein und Gemeinschaft, von Nähe und Ferne, Liebe und Hass, Freude und Trauer, Angst und Vertrauen. In der Natur erfahren wir das ständige Kommen und Gehen der Jahreszeiten. Wir sind darin eingebunden. Wer spürt es nicht z.B. im November. Da wird es grau und nass. Die Dunkelheit bricht früh über uns herein. Nicht selten sieht es auch in unserer Seele recht dunkel aus. Doch im Dezember leuchtet uns ein kleines Kerzenlicht entgegen, das weitere entzündet bis zu einer Lichtfülle zu Weihnachten. Dann spüren wir, die Dunkelheit bricht auf. Der kalte Januar lässt uns recht tief durchatmen, und im Februar verspottet bunte Fastnachtsfröhlichkeit den Winter. Hinter einer Maske entdecken wir uns vielleicht überraschend neu. Im März erwacht der Frühling, mal früher, mal später. Die Seele schöpft wieder Hoffnung, bis die Sonne immer höher steigt und wir im Sommer aus der Fülle leben können. Im Herbst ist dann die Zeit des Erntens und des Dankens, bis sich im November ein Hauch des Vergehens über alles legt. Der Kreislauf beginnt von neuem.

Diesen Rhythmus verneinen, das vermag der Mensch nicht ohne Folgen. Wir können zwar die Nacht zum Tage machen, der Dunkelheit des Winters entfliehen, Gefühle verdrängen, das Alter durch ruhelose Tätigkeiten scheinbar hinausschieben. Aber die menschliche Natur meldet sich nicht selten: durch Unzufriedenheit z. B., durch Überreizung oder Depressionen.

Schon sehr früh in der Menschheitsgeschichte haben die Menschen versucht, diese Urerfahrungen des Lebens in Spiel und Tanz, Geschichten, Liedern und Bildern sowie im Miteinanderessen und -trinken Ausdruck zu geben, um gefeiert aber auch bewältigt zu werden. Schon unsere Urahnen nahmen die unterscheidbaren, sich stets wandelnden Qualitäten der Jahreszeiten als Sinnbild für menschliches Wachsen, Sterben und Neubeginnen wahr. Der Rhythmus des Lebens, die regelmäßige Wiederkehr der Jahreszeiten mit den ihnen entsprechenden Festen vermittelten ihnen dann ein Grundgefühl von Getragen- und Gehaltensein. Sie empfanden es als ein *Wunder des Lebens*, das sie auf eine Macht hinter ihrem Dasein, auf eine göttliche Macht verwies. Sie schufen Rituale, um diese Macht, der sie Namen gaben, zu preisen und sie günstig zu stimmen. Sie erfuhren aber auch in ihrem Dasein, dass alles Leben ambivalent, widersprüchlich und gefährdet ist. So fürchteten sie sich vor bösen Mächten. Es entstanden Rituale, um sich davor zu schützen. Auf diese Weise entwickelte sich erstes Brauchtum, und es wird deutlich, dass alles Brauchtum letztendlich religiöse Wurzeln hat. *Brauch* ist ein altes Wort und hieß früher in unserem Sprachraum *brukjahn* und *bruchen*. Das bedeutet so viel wie Nahrung brauchen, sie zu sich nehmen und genießen. Das durch die Zeiten entstehende Brauchtum wollte nicht nur den Magen, sondern auch das Herz ernähren. Alle daraus entstehenden Feste feierten die Menschen so auch als immer wiederkehrende Gelegenheit zur Rückbesinnung auf menschliche Herkunft und Bestimmung: Wer bin ich? Woher komme ich? Wohin gehe ich?

Der christliche Jahreskreis

Nun fügt sich für uns heute in den Jahreszeitenkreis der Natur ein anderer Kreis ein, der sog. *Christliche Jahreskreis*, der am ersten Advent beginnt und im November des folgenden Jahres mit dem Totensonntag oder Ewigkeitssonntag bei den evangelischen Christen und dem Christkönigsfest bei den katholischen endet. Er ist mit dem jahreszeitlichen Kreis eng verwoben und erzählt in seinen Festzeiten vom Leben und Wirken des Jesus von Nazareth. Damit verknüpft sind Erinnerungsfeste an Menschen der vergangenen 2000 Jahre, die von diesem Jesus fasziniert waren und versuchten, sein Programm zu realisieren. Sie waren *Stars* eigener Prägung, würden wir heute sagen, Sterne in den oft dunklen Zeiten der Menschheit. Ein starkes Vertrauen in diesen Jesus und seinen *abba* (»Pappa«) hat sie als Sinnhintergrund ihres Lebens getragen. Dieser christliche Jahreskreis hat zwei große Themen:

1. Auf dem Weg sein durch die Zeit und sich wandeln mit der über allem stehenden Hoffnung: mein Weg ist gehalten, denn »Gott will das Heil des Menschen«.

2. Mit *Jesus unterwegs sein*, der einmal gesagt hat: »Ich bin der Weg, die Wahrheit und das Leben«, was uns bedeuten will: »Ich will eurem Leben eine zukunftweisende Richtung und ein Ziel geben«.

Diese beiden Themen sind wie ein Zopf ineinander verflochten. Aber *mit Jesus unterwegs sein*, das sagt sich so leicht. Heute ist vielen Kindern Jesus kaum noch vertraut, wenn sie in den Kindergarten oder in die Schule kommen. Andere haben übertrieben fromme Geschichten über ihn gehört, sodass er ihnen im Zeitalter von Handys, Computerspielen, Fernsehen und Videos nicht mehr attraktiv erscheint. Sie sind vielfach nicht mehr selbstverständlich eingebunden in eine religiöse Sozialisation. Eltern sind nicht selten verunsichert und haben ihre Mühe mit religiösen Fragen: z.B. »Wie steht es um das sinnlos erscheinende Leid in der Welt unter einem anscheinend schweigenden Gott? Wo können wir Fragen stellen, ohne als dumm oder schon nicht mehr rechtgläubig zu erscheinen?« Andere glauben an Gott, scheitern aber vielleicht an der Kirche oder denen, die sie repräsentieren. Sie verstehen das unflexible Beharren auf einer Moral nicht, die auf bestimmte Nöte keine ausreichenden Antworten zu geben scheint und gelegentlich persönlich als unmenschlich empfunden wird. Auch die Frage nach der Stellung der Frau wird drängender gestellt. Bei einer teilweise verkopften Theologie bleibt das Herz nicht selten unberührt. So stellt sich heute die Frage nach dem christlichen Jahreskreis auch unter diesen Aspekten wieder neu. In seinem Brauchtum scheinen mir positive Ansätze zu liegen.

Alles will Zeichen sein

Brauchtum, so haben wir gesehen, ist stets dem Sinn des Lebens auf der Spur. Dabei sehen und erfahren Menschen Dinge und Geschehnisse unterschiedlich. Ein Beispiel: Für die einen ist das Ei ein Lebensmittel: ein Frühstücksei oder ein Mittel, um Kuchen oder Cremes zu verfeinern. Für andere wird es vielleicht zu einem Zeichen für etwas ganz anderes, was gewissermaßen dahintersteckt, das sich zeigt, wenn z. B. ein Küken aus dem Ei schlüpft: Leben wandelt sich von einem Ei zu einem kleinen Küken. Das Ei wird somit zu einem Bild, zu einem Erkennungszeichen für eine zweite Wirklichkeit, die sich hinter der materiellen, vordergründigen verbirgt: *Nämlich alles Leben wandelt sich.* In etwas Sichtbarem können wir etwas Unsichtbares entdecken. So wurde das Ei auch zum Zeichen für das Ostergeschehen, für Jesu Auferstehung. Das Sinnbild Ei ist somit ein Hoffnungszeichen. Es will uns vermitteln, dass auch unser Leben sich wandelt über den Tod hinaus in eine neue Seinsqualität. Das wollen uns die Ostereier jedes Jahr neu offenbaren. Wir bemalen sie bunt, weil sie uns mit ihrer Botschaft fröhlich stimmen.

Solche *Bilder* oder Erkennungszeichen nennen wir *Symbole*. Dieses Wort ist von einem griechischen Wort abgeleitet: *symballein*. Das heißt: Zusammenfügen von zwei Hälften. Es geht auf den Brauch zurück, dass Familienmitglieder, Freunde oder Geschäftspartner vor einer längeren Reise einen Ring in zwei Hälften brachen. Jeder bekam eine Hälfte, die man nach oft sehr langer Zeit als Erkennungszeichen wieder zusammenfügen konnte. Die eine Hälfte weist also auf eine zweite hin, macht deutlich, dass sie zum Ganzsein noch fehlt. Symbole helfen so, die zweite Hälfte, das, was zur Ganzheit dazu gehört, zu entdecken. Diese zweite Hälfte, das, was dahintersteckt, vermögen wir zu erkennen kraft unserer innerseelischen Bilder, die das Hintergründige aufscheinen lassen. Symbole dienen also der Vergegenwärtigung einer über das Sichtbare hinausgehenden Wirklichkeit.

Alles, was wir in unserer Welt mit unseren Sinnen erfassen können, verweist uns auf den, dem wir diese Welt verdanken: Gott. Symbole sind *die Fußspuren Gottes in unserer Welt.*

Das jahreszeitliche Brauchtum ist eine einzige Schatztruhe solcher Symbole: die Sonne, das Wasser, die Erde, das Samenkorn, das Brot, um nur einige zu nennen. Die Sinnbilder können dem Menschen helfen, tiefere Schichten des Lebens zu entdecken. Diese Sinnbilder bleiben offen und legen nicht eindeutig fest, sodass sich ein jeder darin persönlich mit seinem eigenen Erleben wieder findet. Das macht deutlich, solche Sinnbilder können nicht gelernt, sondern sie wollen in ihrer Zeichensprache erfahren werden. Dafür finden sich in den Arbeitshilfen viele Beispiele. Das christliche Brauchtum ist für Kinder und Erwachsene voller Sinnbilder für das, was sie im Leben erfahren, wonach sie auf je verschiedenen Entwicklungsstufen und in je unterschiedlichen Lebenssituationen fragen. Dabei spielt es keine Rolle, ob die Kinder nun aus kirchlich orientierten Familien kommen oder nicht.

Das Brauchtum eröffnet auch die Möglichkeit, sich der Botschaft Jesu nicht durch Belehrung, sondern vor allem in symbolischen Bildern, Geschichten und gemeinsamem Tun zu nähern. Interessant ist, dass Jesus kein Lehrbuch hinterlassen, sondern die Menschen aufgefordert hat: »Kommt und seht! Kommt, lauscht meinen Ge-

schichten! Kommt und esst und trinkt mit mir! Kommt und tut!« Jesus hat immer wieder Sinnbildgeschichten erzählt. Es ist, als wollte er sagen: Wenn ihr im Bilderbuch des Lebens schauen lernt, euch auf das Inwendige der Dinge einlasst, werdet ihr neu und tiefer sehen lernen und Gott spüren können, der nicht irgendwo, sondern in uns und mitten in unserer Welt anwesend ist und aufscheinen will.
Davon erzählen die Jahresfeste und wollen es feiern.
Dabei zeigen sie wie in einem Kochbuch alles auf, was für die einzelnen Feste und Festzeiten notwendig ist, damit sie ihre Kraft entfalten können. Wir werden immer wieder überrascht, wie viele Dinge aus diesem Kochbuch die Sprache unseres Lebens sinnenfällig sprechen: die Kerze z.B., das Feuer, die Asche, der Kräuterbuschen, der Baum, der Weg usw. Wir müssen nur aufmerksam werden mit den Kindern, hinschauen lernen, fühlen, riechen und schmecken. Wir werden immer mehr entdecken, welche Geschichten und Gedichte uns berühren und Wichtiges mitteilen, welche Lieder uns Spaß machen, welche Spiele uns zusammenführen, welche Rezepte zum Backen und Kochen uns den Geschmack des Lebens kosten lassen. Es bieten sich das ganze Jahr hindurch in der Arbeit mit Kindern und in der Gemeinschaft mit ihnen immer wieder verschiedene Zugänge an, die von der empirischen Dimension in die religiöse bis hin zur Glaubensdimension führen können.
Bräuche sind nicht statisch sondern dynamisch. In unserem Brauchtum stehen wir in einer langen Tradition. Aber die Menschen haben sich stets weiterentwickelt und wir müssen heute aus dem Wurzelwerk der Bräuche auch neue Triebe entwickeln. So können wir den einen oder anderen Brauch faszinierend neu gestalten: z.B. den Hubertustag als Tag der Verantwortung für die Tiere, das Martinsfest als ein Fest des Mutes für den eigenen Weg, das Kirschenfest im Sommer als Friedensfest der Kinder, Christi Himmelfahrt als das Fest, den Himmel mitten in der Welt zu erspüren und ein Stück zu verwirklichen. So erfahren Kinder: Altes wandelt sich hinein in unsere Zeit und wird zu einer neuen Sinn stiftenden Tradition.

Das gemeinsame Tun

Bräuche sind stark gemeinschaftsbezogen. Die Familie, wie klein oder groß auch immer, ist der erste Ort, an dem Kinder Brauchtum erfahren, bevor sie in das Brauchtum größerer Gemeinschaften wie Kindergarten und Schule mit hineingenommen werden. Für das Kind ist wichtig, dass Erwachsene mit ihm gemeinsam die Feste und Festzeiten das ganze Jahr über gestalten, vorbereiten und feiern. Dazu gehört die nötige Offenheit dem Kind gegenüber. Es soll nicht an erster Stelle belehrt werden. Es darf *werden*, wie es eine Mutter in einer Weihnachtserzählung des Jahresbuches am Beispiel des Hefeteigs deutlich macht.
Kinder sollen erfahren: auf die Feste und Bräuche ist Verlass. Sie wiederholen sich jedes Jahr mit den Jahreszeiten. Ein bestimmtes Fest wie z.B. Nikolaus geschieht nur einmal im Jahr, aber

es kehrt wieder. Das Kind kann sich erinnern, zurückblicken und schon vorausschauen: was machen wir diesmal? Feste erwarten uns wie alte Freunde. Das gibt den Kindern Sicherheit. Vieles kennen sie schon, und doch gibt es immer wieder Überraschungen. Die kontinuierliche Begegnung mit den gleichen Traditionselementen schafft bestimmte Rituale. Die sind für die seelische Entwicklung der Kinder wichtig.

Jedes Fest bedarf der Vorbereitung und Einstimmung, z.B. Advent ist die Wartezeit auf Weihnachten. Im Advent können Kinder erleben, dass es Dinge im Leben gibt, auf die zu warten sich lohnt. Das ist heute zwar besonders schwer, da der Kommerz so vieles bestimmt. Aber christliches Brauchtum bewusst feiern bedeutet schon, sich Schritt für Schritt gemeinsam auf ein Fest hinzubewegen. Ein Fest lässt sich zwar auch nur machen. Aber dann kann es nicht wirksam werden.

Allgemeine Anregungen

Karl Heinz König

Vorlesen oder Erzählen

Kinder können in Geschichten ihre eigenen Geschichten erkennen wie z.B. in der Erzählung von Michael Ende im Jahresbuch auf S. 133 deutlich wird. »Erzählen heißt: innere Bilder lebendig werden lassen«, sagt der Theologe Helmut Jaschke. Denn gute Geschichten wollen nicht nur unterhalten, sie präsentieren vielmehr ein Stück Leben und geben den Zuhörern die Möglichkeit, sich mit den Figuren und deren Situationen zu identifizieren. Das, was ich schon kenne, kann ich vergleichen und überprüfen und mit dem verbinden, was ich noch nicht kannte. Das gibt mir die Möglichkeit, meine Freuden und Ängste, meine Hoffnungen und Wünsche zu verarbeiten und meinen Erfahrungshorizont zu erweitern.

Wenn Vorlesen und Nacherzählen mehr als Unterhaltung sein soll, dann muss der Vortragende selbst in der Geschichte leben. Das setzt voraus, dass er sich damit beschäftigt hat. Dann *klebt* er auch nicht nur am Text, sondern kann Augenkontakt mit den Zuhörenden halten, merkt, wie sie reagieren. Im kleinsten Kreis mit nur zwei bis drei Kindern ist Körperkontakt am wirkungsvollsten. So entsteht eine Wir-Gemeinschaft aller Beteiligten, der wohl fruchtbarste Nährboden für die Botschaft einer Geschichte.

Eine Geschichte hat meist zwei Ebenen, einen Erzählvordergrund und einen Bedeutungshintergrund. Im Jahresbuch auf S. 29 z.B. stellt die biblische Nacherzählung den Traum Jesajas vor, eine Vision. Realistisch betrachtet kann man sich nicht vorstellen, dass so etwas je eintreffen wird. Die Bedeutung hinter diesem Erzählvordergrund ist hier die Sehnsucht des Menschen nach Frieden und Harmonie. Der Text der gegenüberliegenden Seite 28 z.B. ist von anderer Qualität. Es ist erzählte Information, die in ihrer Vielfalt Lebensorientierung aus christlichem Geist vermitteln möchte.

Ist eine Geschichte vielschichtig, müssen den Kindern nicht alle Ebenen erschlossen werden. Es genügt, wenn das eine oder andere die Kinder angesprochen hat. Man sollte ruhig darauf vertrauen, dass sich das vollständige Verstehen mancher Texte in den folgenden Lebensjahren der Kinder wie die Jahresringe eines Baumes weitet.

Beim Vorlesen und Erzählen sollte eine ruhige, vertrauensvolle Atmosphäre herrschen. Eine vorausgehende Stilleübung kann dazu beitragen, aber auch z.B. eine Blume oder eine brennende Kerze in der Kreismitte.

Es gibt mehrere Möglichkeiten, die Geschichte nach dem Erzählen zu vertiefen:

- im Sprechen über das Erzählte, was z.B. besonders beeindruckt hat, was froh, traurig oder neugierig gemacht hat, was erschreckt oder glücklich macht und tröstet ...
- im Nachspielen der Geschichte anhand einzelner Szenen
- im bildnerischen Gestalten einzelner Motive.

Wenn eine Geschichte die Kinder stark berührt hat, sollte man sie abschließend oder auch zu einem späteren Zeitpunkt noch einmal wiederholen.

Legenden

Im Jahresbuch tritt die Erzählgattung *Legende* sehr häufig auf. Sie ist keine Historie, hat aber einen wahren Kern, der bei heiligen Menschen zum Beispiel einen charakteristischen Wesenszug herausstellen will, wie bei Nikolaus (S. 44–46) das Helfen in der Not. Die Christophoruslegende (S. 254–255) hingegen rankt sich um einen zentralen mythischen Kern, wie ein Gottsucher » durch das Dunkel, über die Schatten des Lebens hinweg zum göttlichen Licht gelangt« (Erich Jooß). So kann man mit Erich Jooß zusammenfassend sagen: die Legende »gleicht einem Holzschnitt, der sich in seinem Aussagemittel auf das Wichtigste beschränkt«. Das Wort *Legende* entstammt dem lateinischen Wort *legere – lesen*. Es kommt also auf das *Herauszulesende* an. Das Weitererzählen im Laufe der Jahrhunderte reizte offenbar zu kleinen variierenden Veränderungen, ohne aber die eigentliche Kernaussage zu verfälschen.

Die älteren Kinder fragen oft bei solchen Erzählungen: »Ist das eine *wahre* Geschichte?« Wenn man mit ihnen versucht, die Wortbilder zu entschlüsseln, dann spüren sie, dass *wahr* hier nicht *real* bedeutet, sondern dass hier ideale menschliche Grundhaltungen herauskristallisiert werden, sozusagen als nachahmenswertes Vorbild, z.B. bei Nikolaus die Grundhaltung des Helfens und bei Christophorus die Grundhaltung des Suchens und Dienens.

Natur erfahren

Die Natur ist wie ein vielfältiges Bilderbuch, man muss nur aufmerksam die Seiten aufschlagen und etwas genauer hinschauen, an Weg, Bach und Teich; auf Wiese, Feld und Wald; auf Garten, Beet und Park: Da gibt es vieles zu beobachten, sowohl auf dem Lande als auch in der Stadt. Jeder Monat hält etwas Besonderes bereit:

Januar: Schützende Schneedecke; Spuren im Schnee; gefrierendes Wasser und Eis; Vögel in Nahrungsnot;

Februar: Erste Frühlingsboten, Knospen an den Zweigen, Schneeglöckchen, grüne Spitzen, die aus der Erde sprießen, Krokus und Weidekätzchen; Zugvögel auf dem Rückflug;

März: Tulpen und andere Frühlingsblumen; Vogelstimmen; Hasenhochzeit;

April: Mal Regen, mal Sonne und bunte Regenbögen; Kuckucksruf; Tierkinder in Nestern und Höhlen;

Mai: Blütenduft in Garten, Park und Wald; Spinnengewebe, Maikäfer, Schnecken und Eidechsen;

Juni: Sonnenblumen am Wegrand, Libellen, Mücken und Glühwürmchen;

Juli: Getreidefelder, Kräuter, Wiesenkonzert, Bienen, Käfer und Schmetterlinge;

August: Heideblühen, Heilkräuter, Frösche und Kröten, Waldameisen;

September: Obsternte, Kastanien, Pilze im Wald, Samenflug (z.B. Pusteblume);

Oktober: Bunte Wälder, fallende Blätter, Wein- und Kartoffelernte, Herbststürme, Vogelflug in den Süden, Eichhörnchen und andere Futtersammler für den Winter;

November: Kahle Bäume, Nebel und Raureif, Vögel, die hier überwintern;

Dezember: Letzte Vogelschwärme aus dem Norden; Mistelbüsche auf den Bäumen; erste Schneekristalle; kleine Insekten in der warmen Stube; Weihnachtsbäume, Christrosen.

Aus dieser Vielfalt kann und muss man auswählen. Gemeinsame Spaziergänge mit Kindern sind da erlebnisreich. Was der oder die eine nicht sieht, das sieht der oder die andere. Einige Wege sollten vertrauter werden durch bewusstes Sehen, Riechen und Tasten. Für jeden einzelnen dieser Sinne sollte man sich Zeit nehmen, einmal z.B. nur zum Tasten, ein andermal nur zum Riechen usw. *Still*schweigend ist die Wahrnehmung intensiver. Doch abschließend müssen Kinder immer ihre Erfahrungen austauschen und ihre Erlebnisse gestalten können. Auch die Jahreszeiten werden so unterschiedlich wahrgenommen, jede bietet etwas anderes.

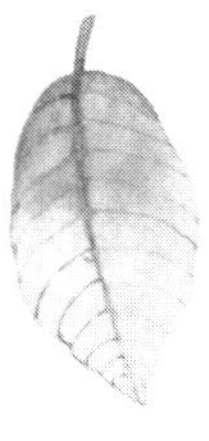

Kinder übernehmen auch gerne persönliche Patenschaften über einen bestimmten Baum oder Strauch, aber mindestens für einen Jahreslauf. Das bedeutet häufiges Besuchen, Beobachten, und auch Pflegen. Was den Kindern dabei aufgehen wird, ist das Zusammenspiel von Erde, Sonne, Wasser und Wind, den vier Elementen.

Erfahrungen mit den vier Elementen

Sonne wahrnehmen:
Auf- und Untergang, Tag und Nacht, jahreszeitlich bedingte Sonnenscheindauer, Sonne, Mond und Sterne, Temperaturen, Licht und Schatten, Einfluss auf das Wachstum der Pflanzen;
Wasser beobachten:
Regen, Bach, Fluss, Teich, See, Wasch- und Trinkwasser;
Wind spüren:
Atemhauch, Windstärke, Windrichtungen, Windmühle, Drachen, Wind und Wasser, Wind und Feuer, Wind und Samenflug;
Erde untersuchen:
unterschiedliche Färbungen, Sand und Lehm, unterschiedliche Gesteine, Erdbewohner, Käfer und Würmer; Kiesgruben, Hügel, Berge und Täler, Versteinerungen.

Am einruckvollsten dürfte das eigene Gartenbeet sein, an dem man täglich die Wachstumsprozesse verfolgen kann. Dabei lernen die Kinder den konkreten, artgerechten Umgang mit Pflanzen und Blumen.

Auf S. 270–272 bildet das Jahresbuch naturgetreue Heilkräuter ab. Um diese draußen in der Landschaft ausfindig zu machen, kann man die Seiten farbig kopieren und in 9 Teile schneiden. Jedes Kind bekommt dann einen solchen Teil und versucht, durch Vergleichen seine Pflanze auf einem Spaziergang aufzuspüren.
Aber auch zu anderen Jahreszeiten regen Bilder im Buch dazu an, Blumen, Blätter und Kräuter in der Natur ausfindig zu machen: S. 41 Mistelzweige, S. 90 Christrose, S. 157 Löwenzahn, S. 187 Schneeglöckchen, S. 190 Osterblumen, S. 207 Maiglöckchen, S. 231 Pfingstrose, S. 48 Sonnenblume und Wegwarte, S. 284 Kastanie.
Letztendlich kommt es darauf an, dass Kinder die Natur kennen, lieben und achten lernen, als das von Gott Geschaffene und uns Menschen Anvertraute und in ihr Sinnbilder unseres Lebens entdecken.

Weiterführende Literatur: Sabine Pfeifer-Smolik, »Tausend Wunder der Natur – Spaziergänge durch das Jahr«, Naturbuch-Verlag, Augsburg

Jahreszeitentisch

Die schöne Idee des Jahreszeitentisches entstammt der Waldorfpädagogik. Ein Tisch, es könnte natürlich auch eine Kommode sein, steht gut sichtbar und leicht zugänglich an einer Wand. Die Wand ist gedacht für eine Pinnwand (aus Kork oder Styropor) oder 1–2 Wechselrahmen für variierende Bilder. Schon die Tischdecke zeigt ihre Farbsymbolik. Diese kann sich an die Farbgebung der einzelnen Kapitel des Jahresbuches anlehnen: *Advent grün* (immergrüne Zweige), *Weihnachten* hier abweichend *weiß* (Winter, festlich), *Fastenzeit violett* (Buße,

Fasten), jedoch während der *Fastnachtszeit bunt*, *Ostern gelb* (Frühlingssonne, Naturerwachen), *Pfingsten rot* (Feuer, Begeisterung), *Sommerzeit blau* mit gelben Sternchen (Himmel) oder *orange* (leuchtende Sonne), *Erntedank hell- bis mittelbraun* (Herbstwald), *Allerheiligen hellgrau* (Nebel, Dunkelheit).
Der Jahreszeitentisch sollte immer einen sinnbildlichen Schwerpunkt besonders augenfällig machen, z.B. einen Adventskranz, eine Krippe zur Weihnachtszeit, einen Früchtekorb oder Erntekranz zu Erntedank. Alles, was auf dem Jahreszeitentisch ausgestellt und zum Sinnbild der jeweiligen Jahreszeit gestaltet wird, verdichtet den prozesshaften Lauf des Jahres. Vordergründig werden es meist naturhafte oder religiöse Elemente sein, z.B. ein Heiligenbild neben einem Vogelnest oder Baumrinden; Samenkapsel und Blätter aus dem Wald. Hin und wieder gibt es ja auch direkte Kombinationen wie z.B. Palmbuschen, Barbarazweige oder Adventswurzel.
Erwachsene und Kinder gestalten den Tisch jeweils gemeinsam. Alle überlegen immer zusammen, was sinnvoll zum Thema passt, bevor es auf den Tisch gelegt wird. Das können Gegenstände sein wie z.B. Jahreszeitenblumen und Kräuter, Palmbuschen, oder bemalte Ostereier oder Naturfunde aus Wald und Garten, aber auch Gebasteltes wie z.B. Masken zur Fastnachtszeit, Windvogel im Herbst, Bischofsmitra zu Nikolaus oder eine Martinslaterne. Nicht zu vergessen sind die vielen unterschiedlichen Bildbrote.
Immer, wenn ein neuer Themenkreis ansteht, sollte man das Decken des neuen Jahreszeitentisches mit einer kleinen Feier würdigen.

Bilder erschließen

Vielfältige Bildbetrachtungen steigern die Wahrnehmungsfähigkeit jedes Menschen, besonders aber die des Kindes. Der Ausdruck der Bilder und ihre Farbwirkung erreichen eine Tiefenschicht des Gefühls, die einerseits ein tieferes Verstehen ermöglicht und andererseits intuitive Kräfte entfaltet. Durch die heutige Bildüberflutung gehen wir meist oberflächlich mit Bildern um. Deshalb sollten wir jede Gelegenheit wahrnehmen, uns ein Bild genauer anzuschauen und es auf uns einwirken lassen. Gerade bei Kindern ist dies von unschätzbarer erzieherischer Bedeutung.
Erwachsene sollten die natürliche Neugier und Entdeckerfreude der Kinder nutzen. Sie selbst sollten sich zurückhalten und nur behutsam Betrachtungsimpulse geben, damit die Kinder alle Einzelheiten des Bildes wahrnehmen und benennen, z.B. unterschiedliche Personen, wie sie aussehen, was sie tun; unterschiedliche Gegenstände, wozu und wie sie benutzt werden; Tiere, Pflanzen, Gebäude, welcher Art sie sind und wie sie aussehen.
Bilder haben eine tiefere Wirkung, wenn die Betrachter sich selbst in das Bild hineinversetzen, in eine Rolle von Personen, Tieren, aber auch von Pflanzen und Gegenständen schlüpfen.
Impulse können dann sein: »Wer oder was möchtest du im Bild sein? – Wie fühlst du dich da? – Was möchtest du nun tun?«

Die Bilder im Jahresbuch

Mit Ausnahme der Kinderzeichnungen sind die Bilder im Jahresbuch allesamt Illustrationen, jedoch haben sie unterschiedliche Funktionen:

- als Buchschmuck (z.B. S. 182/183), um unterschiedliche Atmosphäre und Leselust zu schaffen;
- als Informationsträger (z.B. S. 78 und 123), um etwas zu veranschaulichen;
- als Hinführung zum Text oder zur Textvertiefung (z.B. S. 15 und 28–29).

Die Bilder der dritten Gruppe verdichten den Inhalt des dazugehörigen Textes so, dass sich die meisten gut dazu eignen, in den Text einzuführen. »Wovon mag diese Geschichten wohl erzählen?«, fragen sich dann die Kinder. Dadurch wird eine Spannung erzeugt, die auf den Textinhalt neugierig macht.

Ein Beispiel: Auf S. 44–45 wird den Kindern befremdlich sein, dass Nikolaus keine Mitra trägt. Das führt zum Glück vom Klischee weg. In der ersten Geschichte ist er allerdings noch Bürger, in der zweiten Geschichte bereits Bischof, aber auch dort ohne Mitra. Auch unsere Bischöfe heute tragen die Mitra nur bei besonderen kirchlichen Anlässen. Nikolaus also ganz lebensnah und nicht als Heiliger Bischof abgehoben. Im ersten Bild wirft er einen Beutel durch ein Fenster. »Was ist darin, und wem wirft er ihn zu?« Im zweiten Bild schleppen drei Männer schwere Säcke von einem Schiff herbei. Ihnen gegenüber stehen Frauen, Männer und Kinder mit leeren Schüsseln, die Nikolaus in der Bildmitte mit Körnern füllt. Beide Geschichten erzählen von der Not der Menschen und dem Nikolaus als Nothelfer.

Hier eignen sich diese Bilder zur Texthinführung. In anderen Situationen ist es vielleicht sinnvoller, die Bilder erst zur Vertiefung der Geschichte zu betrachten (z.B. S. 223). Anhand des Bildes wäre zu überlegen, worüber die vielen Menschen vor dem brennenden Haus wohl miteinander sprechen.

Die Kinderzeichnungen im Jahresbuch

Die 10 Bilder von 8–9-jährigen Jungen und Mädchen sind von ganz anderer Natur. Es sind keine Illustrationen, sondern in Form und Farbe

ausdrucksstarke Bildgestaltungen. Die Eindrücke der biblischen Geschichten haben diese Kinder innerlich seelisch verarbeitet wieder zum Ausdruck gebracht. Sind es nicht fast

kleine Kunstwerke, die von der individuellen Erlebnisfähigkeit kleiner Persönlichkeiten künden? Deshalb darf man hier auch keine naturgetreuen Darstellungen erwarten. Ausdrucksstark und überwältigend ist z.B. auf S. 83 der Verkündigungsengel, dessen Botschaft die Hirten fast zu Boden wirft. Die Größenverhältnisse orientieren sich nicht an natürlichen Proportionen, sondern an der Bedeutung des Dargestellten, der Engel farblich wie die Sonne aufleuchtend und übergroß, die Hirten demgegenüber klein und farblich zurückhaltend. Neben der Farbwirkung ist das Bild auch formal gut gestaltet. Die ganze Blattfläche ist malerisch in Anspruch genommen.
Ausdrucksstark ist auch die Darstellung des Herodes auf S. 97. Die Gestalt ist herrisch und das Gesicht grimmig dargestellt. Anstatt einer Burg umgibt die Figur symbolisch nur ein mit wenigen Strichen angedeuteter Mauerbogen, in den Herodes eingeengt, ja gefangen ist, Ausdruck seiner seelischen Blockade. Alles ist auf das Wesentliche abstrahiert und farblich hervorgehoben. Der blaue Hintergrund, aufgebrochen durch das Schwarz-Weiß des Mauerbogens, stellt die Farbe Grün – Gelb – Rot der Gestalt des Herodes massiv in den Vordergrund. Wenn auch hier Farbflächen frei bleiben, ist doch das ganze Blatt im Gleichgewicht.
Man sollte versuchen, betrachtenden Kindern den ausdrucksstarken Zusammenhang dieser Kinderbilder deutlich zu machen. Jedoch muss das immer so geschehen, dass Kinder nicht entmutigt, sondern angeregt und angestoßen werden, selbst zu malen. In jedem Kind steckt nach etwas Übung ein »kleiner Künstler«.

Betrachten von Kunstwerken

Die bekanntesten biblischen Geschichten und Heiligenlegenden finden oft auch in der Umgebung der Leser ihren Niederschlag, in Kirchen (Statuen, Gemälde, und Kunstglasfenster), in Denkmälern und an Hausfassaden, aber auch in Büchern, Kalendern und Kunstpostkarten. Doch auch jahreszeitliche Darstellungen, Naturmotive und Brauchtum findet man in Museen, Kunst- und Fotobüchern. Wie wäre es, wenn zum Brauchtumsverständnis auch Kinder anderer Kulturen Bild- und Anschauungsmaterial zum Erfahrungsaustausch in die Kindergruppe mitbringen würden? Für die Vorführung in Kindergartengruppen, Grundschulklassen und Hort eignen sich hergestellte Dias von Bildvorlagen.
Wichtig ist, dass Kindern deutlich wird, Buchillustrationen und Kunstbilder sind keine Dokumentationen, sondern Vorstellungen der Künstler, z.B. auf S. 37 darf es nicht heißen: »Das ist die hl. Barbara,« sondern: »So hat sich die Malerin die hl. Barbara vorgestellt.« Deshalb ist es auch ratsam, wenn eben möglich, Bilder gleicher Motive miteinander zu vergleichen. So findet man in Köln unzählige Beispiele von Darstellungen der Hl. Drei Könige oder in Mainz von Sankt Martin. Anderswo ist es ähnlich. Damit sich ein Bild besser einprägt, ist es sinnvoll, es tagelang gut ersichtlich aufzuhängen oder auszulegen, z.B. auf dem Jahreszeitentisch.

Bildnerisches Gestalten

Das Jahresbuch gibt direkt und indirekt viele Anstöße zum Zeichnen und Malen. Anfangs können die Bilder im Jahresbuch auch von ungeübten Kindern abgemalt werden, bevor sie in der Lage sind, diese aus der Erinnerung nachzugestalten.

Freies Zeichnen und Malen ist letztlich erstrebenswert. Das sollte nicht durch Vorlagen beeinflusst werden, sodass aus dem inneren Erleben der vorgelesenen Geschichte eigene Bilder entstehen können. Wachsmal- und Buntstifte eignen sich für schnell gezeichnete erzählende Bilder, zum Malen mit Wasserfarben braucht man etwas mehr Zeit und Muße.

Man muss schon der Fantasie der Kinder freien Lauf lassen und sollte sie nicht in ihrem individuellen Zeichen- und Malstil korrigieren. Man sollte sie ermutigen, möglichst großflächig zu malen und das ganze Blatt in Anspruch zu nehmen. Das setzt allerdings dann auch große Blätter voraus, vielleicht DIN-A3. Wenn ein Kind ängstlich geneigt ist, kleinformatig zu malen, dann sollte man ihm hin und wieder Gelegenheit geben, stehend an einem auf der Wand befestigten großen Blatt zu malen, möglichst mit dem Pinsel. Jedes Kind, das malt, hat das Bedürfnis, abschließend sein Bild allen zu zeigen und zu erläutern.

Erwachsene sollten dabei mit Werturteilen sehr zurückhaltend sein.

Collagen oder andere Gemeinschaftsarbeiten auf größeren Malflächen, z.B. auf der Rückseite von Tapeten, fördern den Gruppenprozess. Für eine Gemeinschaftsarbeit eignet sich auch die Gestaltung eines Leporellos mit fortlaufenden Motiven der Geschichte oder auch die Gestaltung eines eigenen Bilderbuchs.

Bei allen Zeichen- und Malaktionen der Kinder im Zusammenhang mit dem Jahresbuch geht es in erster Linie um individuelle Erlebnisgestaltung und weniger um kunstpädagogische Aspekte. Denn Letztere bedürfen einer längeren fachkundigen Anleitung.

Transparente Fensterbilder

Große Einzelfiguren oder auch ganze Geschichten lassen sich in fortlaufenden Motiven mit buntem Transparentpapier auf die Fensterscheiben kleben, mit Stücken, von der Schere geschnitten oder von Hand gerissen. Der Kleber muss selbstverständlich leicht löslich sein.

Sollte den Kindern irgendwo ein Kunstglasfenster zum Erlebnis geworden sein, dann gelingt es ihnen auch, die Technik nachahmend mit buntem Transparentpapier und schwarzen Fotokartonstreifen ein eigenes Fensterbild zu gestalten. Der Rahmen ist schwarzer Fotokarton und der Bildträger weißes Transparentpapier, das schließlich mit buntem Transparentpapier überklebt wird. Die schwarzen Streifen ahmen die Bleiruten der originalen Kunstglasfenter nach. Deshalb sollten sie direkt oder indirekt mit dem Rahmen verbunden sein.

Als mögliche Bildmotive seien hier beispielhaft die *Vogelpredigt* des Franziskus (S. 249) ein *Herbstbaum* mit reifen Früchten zu Erntedank, die *Streuselkuchenprinzessin* (S. 118) oder der *Engel am leeren Grab* (S. 176) genannt.

Aber auch kleinformatig lässt sich diese lichtdurchflutende Technik in Tisch- und Martinslaternen umsetzen. Kleinere Kinder können anstatt Transparentpapier auch käuflichen Lampenschirmkarton verwenden, der sowohl mit Wachsmal-, Filzstiften oder Wasserfarbe bemalt werden kann. Tischlaternen eignen sich nicht nur für Sankt Martin, sondern für alle möglichen Feste, die auch die Bildmotive hergeben.

Die Faszination all dieser transparenten Bildnisse ist das leuchtende Licht, sowohl der Sonne als auch eines Elektrospots oder einer Kerze.

Kalender gestalten

Variationen der Adventskalender sind meist bekannt, wohl weniger die Herstellung eines Fastenkalenders. Sie ist auf S. 140 im Jahresbuch und S. 68 in der AH beschrieben.
Damit Kindern der große Bogen des Jahresfestes vertraut und überblickbar wird, sollten sie selbst einen Kalender anlegen. Das Titelbild des Jahresbuches gibt dazu eine Vorlage. Ein runder Tortendeckel eignet sich dafür. Mithilfe einer Untertasse wird ein Mittelkreis gezogen, in den die Sonne eingemalt wird. Der äußere Zwischenraum lässt sich durch eine senkrechte und waagerechte Linie in vier gleiche Felder für die Gestaltung der vier Jahreszeiten einteilen. Will man aber alle 12 Monate thematisieren, dann unterteilt man die Viertel jeweils dreimal. Für jeden Monat wird dann ein treffendes Symbol eingemalt.
Aus Reklamezwecken geben oft Firmen oder Sparkassen einen großformatigen Wandterminkalender aus. Da hat man das ganze Jahr auf einen Blick. Darin markiert man bildhaft die Geburtstage der Kindergruppe ein und auch andere Ereignisse, wie z.B. Fastnacht, Sommerfest, Erntedankfest u.a.
Wie man sich selbst einen Wandkalender mit 12 Monatsblättern herstellt, das verrät das Jahresbuch auf S. 21.

Tischfigurenspiel

Kinder spielen gerne improvisiert und auch eingeübt Theater. Hierzu kann das Jahresbuch zwar genügend Anstöße geben, aber für spontanes Umsetzen von vorgelesenen Geschichten ist das zu aufwendig. Hier eignen sich eher Tischspiele, deren Figuren von Hand geführt werden, durch das Erzählen des Spielers in Bewegung gesetzt. Für Kinder sind alle Arten von Figuren Identifikationsgestalten. In der Advents- und Weihnachtszeit könnte man zum Beispiel für das Tischfigurenspiel kleine Krippenfiguren benutzen. Ansonsten stellt man fix ganz einfache Figuren her, z.B. aus hochkantigen runden und quadratischen Bauklötzen. Diese werden bemalt oder auch nicht. Waldorfkindergärten z.B. bieten für solche Spiele einfache Naturmaterialien an, Tannenzapfen, kleine Holzstücke aus Zweigen und Wurzeln, weil sie nach Auffassung der Waldorfpädagogik mehr Fantasie entfalten. Ein Beispiel hierfür ist der Wurzeldrachen zum Michaelsfest. Nachhaltig kann man dann immer noch Figuren aus Ton, Wachs oder anderem Knetmaterial formen. Wenn Zeit genug vorhanden ist, sind der Gestaltungsfreude keine Grenzen gesetzt. Da sind Kinder sehr ansprechbar

Szenisches Stegreifspiel

Sollte jedoch eine Kindergruppe Zeit und Lust haben, den Stoff einzelner Geschichten spielerisch auszugestalten, so findet sie hier einige Anregungen: Der Inhalt der betreffenden Geschichte kann getreu nachgespielt, aber auch in der Fantasie erweitert werden. Die Gruppe überlegt gemeinsam, was und wie es gemacht werden soll. Die Szenen werden erdacht, die entsprechenden Rollen verteilt und die Dialoge improvisiert. Improvisation soll den Spielprozess locker halten und dafür sorgen, dass es nicht zu zeitaufwendig wird. Doch auch beim spontanen Stegreifspiel brauchen die Kinder ein paar einfache Requisiten, vielleicht einen Stuhl für ein Pferd, eine Tischdecke für einen See und eine Wolldecke als Umhang. Die Szenen sollten kurz und überschaubar sein und mehrfach unterschiedlich durchgespielt werden mit wechselnden Besetzungen. Spieler und Beobachter überlegen dann gemeinsam, worauf es bei dieser oder jener Szene ankommt. Da erfährt jedes Kind sowohl Bestätigung als auch Korrektur.
Es wird sich herausstellen, dass derartige Spiele kein leerer Zeitvertreib und sinnlose Beschäftigung sind, sondern pädagogisch wertvoll, da die Kinder spielend einen reichen Schatz von Erfahrungen sammeln, Fantasie entfalten und einfühlsam soziales Verhalten einüben.

Ersingen der Lieder

Die meisten der 22 Lieder im Jahresbuch sind in der Melodieführung ziemlich einfach, sodass sie auch schon im Kindergarten gesungen werden können, wenn der Text der Altersstufe entspricht. Bei manchen Liedern genügt es, wenn ein Erwachsener vorsingt und die Kinder nur den Refrain singen.
Da die meisten Kinder keine Noten lesen können, können die Lieder durch Vor- und Nachsingen erlernt werden. Spielt jemand ein Instrument und begleitet die Kinder, dann ist es noch einfacher, den Ton zu halten.
Je kleiner die Kinder sind, umso mehr bietet es sich an, geeignete Strophentexte gestisch zu begleiten, z.B. S. 304. Die Kinder finden schon selbst solche Gesten, z.B. stehen alle Kinder im Kreis, dann geht je Strophe ein Kind in die Mitte und erfindet seine Gesten. Wenn sie gefallen, wird die Strophe noch einmal gesungen und alle machen die vorgestellten Gesten nach. Vielleicht lassen sich einige Lieder auch mit Klang- und Schlaginstrumenten begleiten.
Für kleine Sprüche im Jahresbuch, die ja keine Noten haben, erfinden Kinder gerne einfache Melodien selbst. Der einfache Rhythmus einiger Texte erleichtert das.

Einfacher Kreistanz

Einige der im Jahresbuch aufgeführten Lieder stehen im 4/4 Takt und lassen sich mit einfachen Schritten im Kreise tanzen. Es leuchtet ein, dass solche Kreistänze den Gruppenprozess günstig beeinflussen. Der heilige Augustinus hat schon vor 1600 Jahren gesagt: »Ich lobe den Tanz; denn er befreit den Menschen von der Schwere der Dinge und verbindet Einzelne zur Gemeinschaft.«

Alle Mitspielenden fassen sich an den Händen und bilden einen Kreis. Dann bewegen sie sich mit kleinen Schritten mit dem rechten Fuß beginnend rechts herum, natürlich im Takt des Liedes. Bei der 2. Strophe wechseln dann alle in die entgegengesetzte Richtung. Sind die Anfangsschwierigkeiten überwunden, kann man beim nächsten Mal schon innerhalb einer Strophe die Richtung wechseln, z.B. im JB auf S. 39 in der ersten und zweiten Strophe viermal, in der 3. Strophe fünfmal und in der 4. Strophe sechsmal. Damit es nicht zu langweilig wird, ist eine kleine Variation hilfreich: einmal rechts herum, dann links herum, und dann zur Mitte und wieder zurück. Das geht natürlich nur bei geraden Zahlen. Hier z.B. hat die 3. Strophe 5 Singzeilen. Da geht es nicht. Zur Mitte gehend können die Kinder auch die Arme heben und nach oben schauen, und beim Rückwärtsgehen wieder senken und zum Boden schauen. Wenn Melodie und Text es erlauben, kann man auch hüpfen anstatt zu schreiten, z.B. bei dem Lied auf S. 100: 1. und 2. Zeile rechts herum, 3. Zeile links herum und bei der Wiederholung rechts herum.

Besonders feierlich ist ein Lichtertanz in einem dunklen Raum mit Kerzen oder mit Teelichtern in einem kleinen Glas, so klein, dass man leicht an den Kerzendocht herankommt. Die Kinder können ohne sich zu berühren im Kreise hintereinander gehen, oder sie halten das Licht in der Außenhand des Kreises und legen die andere Hand auf die dementsprechende Schulter des Vordermannes bzw. der Vorderfrau.

Zu empfehlen: Kindertänze auf unterschiedlichen Tonträgern aus dem FIDULA-VERLAG, 56154 Boppard

Stilleübungen

Trotz Trubel, Geräuschen und Lärm, die uns heute permanent umgeben, sehnen sich Erwachsene und Kinder hin und wieder nach Stille. Doch still werden und in der Stille verweilen, will geübt sein und erfahren werden, so früh wie möglich. Wie glücklich sind z.B. Kinder, wenn sie vor dem Einschlafen mit einem vertrauten Erwachsenen einige Minuten der Stille erleben können, in denen sie zur Ruhe kommen und die Unruhe des Tages ablegen können.

Mitten am Tag fällt es ihnen schwerer. Am besten setzt sich eine Kindergruppe zur Stilleübung in einen Kreis. In diesem können sich die Kinder leichter innerlich ordnen und zu den anderen in der Kreisrunde Kontakt aufnehmen, auch ohne miteinander zu sprechen. Den Einstieg in erste Stilleübungen erleichtert ein kleiner Gegenstand in der Hand, auf den man sich eine Weile konzentrieren kann, ein Kiesel- oder Halbedelstein, eine Frucht, eine Blume, eine Pflanze oder ein Blatt. Die Kinder werden aufgefordert, nach einem Klangzeichen den Gegenstand sehend und fühlend in aller Stille zu betrachten bis zum nächsten Klangzeichen. Dann ist es Zeit, sich über die Erfahrungen auszutauschen.

Eine andere Möglichkeit in Stilleübungen einzuführen, ist das Nachhorchen eines Klanges, einer Triangel, einer Klangschale, eines Gongs, einer kleinen Glocke. Wenn der Ton verklungen ist und ein Kind nichts mehr hört, hebt es lautlos die Hand. Sind alle Hände oben, wird der Klang von neuem erzeugt, insgesamt vielleicht 3–4-mal. Beim nächsten oder übernächsten Mal schaffen die Kinder es dann auch, 3–4 Minuten lang einer leisen meditativen Musik zu lauschen.

Vor jeder Stilleübung ist darauf zu achten, dass die Kinder entspannt sitzen, beide Füße auf den Boden stellen, die Beine ruhig halten ohne sie übereinander zu schlagen, den Rücken gerade und die Hände locker auf dem Schoß. Dann können sie die Augen schließen und einen Augenblick lang den Atem bewusst spüren. Diese Übung ist an sich schon sinnvoll, sie kann aber auch die Basis für die intensive Wahrnehmung eines kleinen Gedichtes (z.B. S. 29, 109, 258, 294) sein, das in diesem Ruhezustand ganz langsam mit sanfter, aber deutlicher Stimme und kleinen Pausen vorgetragen wird. Nach dem Vortrag bedarf es noch einen Augenblick der Stille, bevor die Aufforderung kommt, die Augen wieder zu öffnen und sich zu recken und strecken. Anschließend wollen die Kinder sicherlich ihre Vorstellungen und Erfahrungen austauschen. Das bereichert und erweitert die Fantasie und Wahrnehmungsfähigkeit jedes einzelnen Kindes.

Aber nicht nur zum Innewerden eines Gedichtes ist die oben beschriebene Stillehaltung dienlich, sie kann ebenso als Sammlung vor einer Erzählung oder auch Bildbetrachtung hilfreich sein. Stille erfahren ist immer schon ein Wert an sich. Dem sollte immer genügend Raum gegeben werden.

Weiterführende Literatur: Gerda und Rüdiger Maschwitz, »Gemeinsam Stille entdecken – Übungen für Kinder und Erwachsene«, Kösel-Verlag, München

Mandala ausmalen

Das Wort Mandala stammt aus dem Sanskrit und bedeutet so viel wie Kreis. Der Kreis ist das Symbol der Unendlichkeit, ohne Anfang und ohne Ende mit einer zentrierenden Mitte, die letztlich den Kreis bestimmt. So viel Sinnbildlichkeit eignet sich vortrefflich als Gegenstand der Meditation.

Die Vorbilder der Mandalas entdecken wir vielfältig in der Natur, in Blumen wie z.B. Sonnenblume, Margerite und Rose oder in den Jahresringen einer Baumscheibe u.a. Durch die Natur angeregt finden wir heute in vielen stilisierten Mustern grafische Mandalaformen vor, die bunt auszumalen nicht nur eine gestalterische Lust befriedigen, sondern nach dem Psychologen C.G. Jung eine immense therapeutische Wirkung erzielen. Denn hier strebt die menschliche Psyche nach innerer Ordnung, nach Sammlung und Konzentration. Das kann jeder selbst erfahren, der ein Mandala ausmalt.

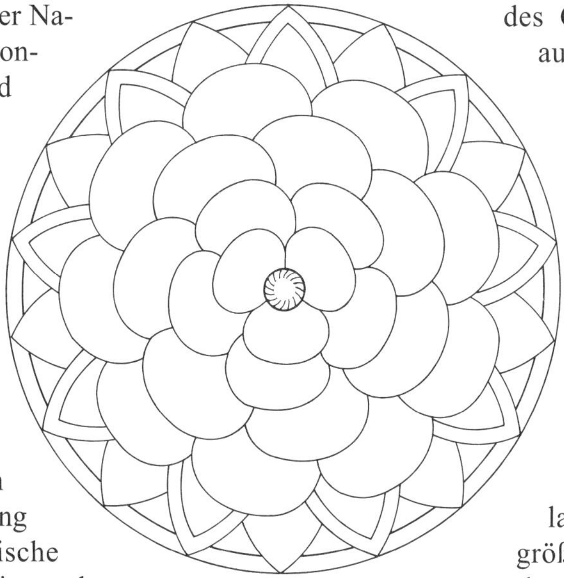

Besonders mit Kindern hat man erfahren, wie sie beim Ausmalen eines Mandalas innerlich zur Ruhe und Sammlung kommen, zumal ihnen diese Tätigkeit viel Spaß macht. Voraussetzung ist allerdings ein ruhiges Umfeld beim Ausmalen, das keine Ablenkung aufkommen lässt. Eine Grundregel ist Schweigen. Das erleichtert oft eine leise meditative Hintergrundmusik. Da die Gestaltung eines Mandalas aufwendig ist, kann man sie auch unterbrechen und nach einer gewissen Zeit wieder aufgreifen.

Sowohl auf der Umschlagseite des Großen Jahresbuches als auch der Arbeitshilfe ist ein Mandala abgebildet. In der Arbeitshilfe wird im Kapitel Fronleichnam und Erntedank auf ein Mandala zurückgegriffen. Aber auch die Gestaltung einer *Fastenblume als Fastenkalender* im Großen Jahresbuch (S. 140) ist ein Mandala. Dieses hier abgebildete Mandala kann im Kopierer vergrößert und dann ausgemalt werden.

Weiterführende Literatur: Gerda und Rüdiger Maschwitz, »Aus der Mitte malen – heilsame Mandalas. Anregungen für Kinder, Jugendliche und Erwachsene«, Kösel-Verlag, München

Arbeitshilfen
zu den Kapiteln
des Großen Jahresbuches
für Kinder

Advent

Vom goldenen Licht auf grünen Zweigen

Nun feiern wir Advent

(Seite 27)

Mit dem Advent beginnt der christliche Jahreskreis. Er beginnt in der dunkelsten Zeit des Jahres. Das Licht hat sich zurückgezogen, und es ist, als ob die Natur den Atem anhalten würde. Es ist eine Zeit der Ruhe und gleichzeitig des Wartens. In der dunkelsten Jahreszeit will etwas Neues beginnen. Die Natur zeigt es uns: die Zwiebeln und Samenkörner z.B. bereiten sich in der Tiefe der dunklen Erde zum Keimen vor. Die Dunkelheit umschließt Kräfte des Lebens, die erst allmählich wachsen. Advent heißt Wartezeit, Wartezeit auch auf das wiederkehrende Licht. Wenn wir die erste Kerze im Advent anzünden, dann etwas später die zweite, die dritte und die vierte, feiern wir symbolisch das Warten auf das strahlende Licht, das uns aus der Dunkelheit erlöst. Sicherlich war für die Menschen früher, als die Städte noch nicht hell erleuchtet waren und kein elektrisches Licht per Knopfdruck die Wohnung sofort aus dem Dunkel holte, die winterliche Dunkelheit elementarer und auch bedrohlicher. Aber wir Menschen heute beeilen uns auch, aus der Dunkelheit, Nässe und Kälte möglichst schnell in die warme, erleuchtete Wohnung zu gelangen. Auch wir hoffen darauf, dass das Sonnenlicht wieder wachsen möge. Mitten im kalten Winter, da geschieht es dann auch: Wintersonnenwende.

Die Christen erwarten jedoch nicht nur das Licht der Sonnenwende. Es ist für sie ein Sinnbild für das Licht der Weihnacht, das Fest der Ankunft des Jesuskindes: »mitten im kalten Winter, wohl zu der halben Nacht«, wie es in einem Lied heißt. Die Christen haben schon früh dieser dunklen Wartezeit den Namen gegeben: *Advent*. Das heißt *Ankunft*. Von der allerersten großen Adventszeit und auf wen die Menschen damals warteten, davon ist den Kindern auf Seite 28 erzählt: *Von der Zeit, die gut ausging*. Der erste Advent, das war die Zeit des jahrhundertelangen Wartens des jüdischen Volkes auf den Messias, dessen Ankunft die Christen heute zur Erinnerung am Weihnachtsfest feiern. Dabei kommt auch die zweite Weihnacht mit in den Blick, die Hoffnung auf das endgültige Kommen des Messias als Christkönig der Welt am Ende der Zeiten. Davon erzählen *Jesajas großer Traum* (Seite 29) und das Christkönigsfest am Ende des Jahreskreises (Seite 342–344). Zwischen diesen beiden Punkten dreht sich der christliche Jahreskreis.

Schon seit dem 6. Jahrhundert wird offiziell Advent gefeiert. Die Dauer der Adventszeit war zunächst noch unterschiedlich, bis die Adventssonntage auf vier festgelegt wurden. Bis zum 11., manche sagen auch 13. Jahrhundert setzte sich diese Regelung überall in den christlichen Gemeinden durch. So ist es bis heute geblieben. Diese Adventszeit war früher durch eine Fastenzeit, eine Zeit der Umkehr gekennzeichnet, die schon am Martinstag begann. Bevor die Adventszeit von Konsum und Kommerz und damit einhergehender Hektik überlagert wurde, fanden die Menschen noch Ruhe zur Besinnung und innerer Einkehr. Das ist in unserer Zeit viel schwieriger geworden.

Allerdings freuten sich die Menschen immer schon so sehr auf das herannahende Weihnachtsfest, dass ihnen die Wartezeit als Fastenzeit zum Teil fremd blieb. Sie trafen sich an den langen Winterabenden in der Nachbarschaft, erzählten Geschichten, sangen Lieder, fertigten

Handarbeiten an und bastelten Geschenke. Viele Ideen entstanden, wie man die Wartezeit des Advent und das Weihnachtsfest würdig und fröhlich gestalten kann. Ein Schatz an adventlichem und weihnachtlichem Brauchtum entstand. Dabei vermischte sich im Laufe der Zeit christliches mit teilweise heidnischem Winterbrauchtum aus uralter Zeit. Keine andere Jahreszeit hat so viel Brauchtum hervorgebracht. Viele Sinnbilder dieses Brauchtums erschließen uns bis heute den Advent:

Von der Zeit, die gut ausging (Seite 28)
Jesajas großer Traum (Seite 29)

Diese beiden Seiten können als Einführung in das Thema Advent dienen, aber auch nach dem Weihnachtsfest thematisch noch einmal aufgegriffen werden oder am Ende des Jahreskreises, um mit der Erwartung und Hoffnung vertraut zu machen, dass sich letztlich einmal alle Gegensätze auflösen und alles heil wird, wie in der Prophezeiung Jesajas angekündigt.

Gesprächsaspekte:
- die erste Adventszeit – die lange Wartezeit auf Jesus ...;
- Weihnachten – ein Erinnerungsfest woran ...?

Gestaltungsmöglichkeit:
- einen Fries gestalten: Thema: Unfrieden in der Welt (ältere Kinder: aus der Zeitung Bilder des Unfriedens ausschneiden und aufkleben, jüngere Kinder: malen z. B. Streit) – Weihnachtskrippe – Jesajas Traum ...

Lied: Macht hoch die Tür (Seite 30)

Das Lied beschreibt, auf wen die Menschen warten. Dabei klingt schon das Königsmotiv vom letzten Fest des Jahreskreises an (vgl. hierzu JB S. 342). Sein Text zeigt anschaulich symbolische Bilder auf: z.B. *Tor, König, Königskrone, Zepter, Freudensonn und Herzenstür* ... (vgl S. 140).
Wenn das Lied auch schon 300 Jahre alt ist, so wird es heute immer noch gerne gesungen.
Die Melodie im Tanzrhythmus des Dreiertaktes ist leicht zu singen.

Von der Wartezeit, die Freude macht (Seite 31)

Mit den Kindern den adventlichen Sinnbildern nachspüren, die im Text angesprochen sind:
- die immergrünen Zweige – Vorboten für den Weihnachtsbaum als Sinnbild ewiger Lebenskraft ...; Verdorrtes wird wieder grün ...;
- der grüne Adventskranz, ohne Anfang und Ende, Sinnbild für die Ewigkeit, weist hin auf Gott: ohne Anfang und Ende, der immer war und immer sein wird ...;
- der Kreis auch als Sinnbild des Schutzes – wer im Kreis ist, ist geschützt (Kreisspiele) ...;
- die Farben der Bänder als unterschiedliche Sinnbilder erfahren ...;
- die Dunkelheit wahrnehmen, Licht ins Dunkle bringen und schauen, was sich verändert ...;
- das wachsende Licht von der ersten Kerze bis zur weihnachtlichen Lichtfülle erfahren;
- einen eigenen Adventskranz gestalten.

Vom allerersten Adventskranz und seinen vielen Lichtern (Seite 31–32)

Der Brauch des Adventskranzes ist noch gar nicht so alt. Er geht auf das Jahr 1833 zurück, in dem ein engagierter evangelischer Pastor für die heimatlosen Kinder und Jugendlichen, die er in seinem Hamburger Waisenhaus betreute, zur Gestaltung des Advent eine zündende Idee hatte. Davon erzählt die Geschichte, die jüngere und ältere Kinder gleichermaßen begeistert. Vielleicht wollen die Kinder auch einmal einen solchen Kranz gestalten.

Lied: Wir warten (Seite 33)

Ein Adventslied für Kinder aus unserer Zeit. Es drückt das Warten der Kinder auf Jesus, den Freund der Kinder aus. Die Melodieführung ist so, dass sie leicht nachgesungen werden kann. Das Lied eignet sich zum adventlichen Singen um den Adventskranz.

Von einem kleinen Jungen, dem das Warten zu lang wurde (Seite 34)

In dieser Geschichte wird von einer Mutter erzählt, die ebenfalls eine Idee hatte. Sie überlegte, wie sie ihrem Kind die Wartezeit bis Weihnachten strukturieren könnte. Sie wollte die Zeit einteilen, damit sich ihr Kind dem Geheimnis des Weihnachtsfestes Stück um Stück nähern konnte. So schuf sie den ersten *Adventskalender*: ein Sinnbild des Weges. Dieses Sinnbild, das im Jahreskreis immer wieder aufscheint, ist ausführlich beim Fest Fronleichnam (S. 98) dargestellt.
Die Bastelanleitung des Kalenders ist im Jahresbuch beschrieben.

Auf dem Weg nach Bethlehem – ein eigener Adventskalender (Seite 35)
Die goldene Adventskette (Seite 36)

Diese beiden Anleitungen zeigen, wie Kinder noch andere Kalender *auf dem Weg nach Bethlehem* gestalten können, die umso viel schöner sind als gekaufte, mit und ohne Hilfe durch Erwachsene. Die Anleitungen sind hier genau beschrieben.

Von den Mistelzweigen und den Adventswurzeln (Seite 40–42)

Im Winterwald ist es zwar nicht so gemütlich wie im Sommerwald, aber ebenso interessant. Der Wald zeigt sich von einer ganz anderen Seite. Davon ist auf diesen Seiten zu lesen und zu schauen. Seine adventlichen Sinnbilder:
- mit den Kindern Mistelbüsche suchen und entdecken ... wo und wie sie wachsen ...;
- alte Wurzeln suchen und genau betrachten ...;

Was sie über Advent und Weihnachten erzählen, und weshalb unser Weihnachtslied *Es ist ein Ros entsprungen* eine Beziehung dazu hat, davon ist auf den Seiten erzählt.

Zu den Heiligen des Advent

Barbaratag – 4. Dezember

Es blüht ein Zweig im kalten Winter (Seite 37)
Einführung

Barbaras Lebensgeschichte ist fast nur durch Legenden überliefert. Sie soll gegen Ende des 3. Jahrhunderts als Tochter eines wohlhabenden Kaufmanns in Nikomedien (Türkei) geboren worden sein, in einer Zeit schlimmer Christenverfolgungen. Wir müssen uns in Erinnerung rufen, dass in den ersten drei Jahrhunderten die christliche Religion einen Affront in der damaligen Kultur darstellte, einen Affront gegen den heidnischen Kaiser, der als göttlich verehrt wurde. Die Christen lebten zum Teil aus Angst vor Verfolgern im Untergrund. So entstanden unter ihnen viele Legenden, die zum Glauben an Jesus ermutigen und den neuen christlichen Glauben weitersagen sollten.

Die junge Barbara soll von außergewöhnlicher Schönheit gewesen und durch einen scharfen und kritischen Verstand aufgefallen sein. Viele junge Männer bemühten sich um sie. Aber sie blieb auf Distanz. Sie war eine Frau, die nach dem Mehr in ihrem Leben suchte. Sie bekam Kontakt zu einer Gruppe von Christen. Sie war immer mehr von dem Glauben dieser Menschen an Jesus und von ihrem Mut in einer heidnischen Umwelt fasziniert, dass sie beschloss, Christin zu werden. Ihr Vater, ein Christenhasser, ließ einen Turm bauen, um sie einzusperren. Hierauf fußt die Legende, die im Jahresbuch erzählt ist. Als der Vater von einer Reise zurückkehrt, offenbarte Barbara ihm, dass sie Christin geworden war. Da schleppte der eigene Vater sie vor den Richter. Barbara wurde grausam gefoltert. Als sie standhaft blieb, wurde sie durch die Hand des Vaters getötet. Die Legende erzählt, dass der Vater nach seiner furchtbaren Tat vom Blitz erschlagen wurde. Das Todesjahr Barbaras soll etwa 306 n. Chr. gewesen sein.

Um die Gestalt der heiligen Barbara entstanden im Lauf der Jahrhunderte zahlreiche Bräuche. Sie wurde zu einer der beliebtesten Gestalten der frühen Christenheit. Viele erwählten sie zu ihrer Patronin, besonders auch die Bergleute. Das geht auf eine Legende zurück, dass sich ihr auf der Flucht vor ihren Verfolgern die Erde auftat, um sie zu schützen. Aber auch der dunkle Turm ihres Gefängnisses wurde wohl für die Bergleute zum Sinnbild für das umschließende Dunkel der Erde, in dem kostbare Schätze verborgen sind, die sie unter vielen Mühen ans helle Tageslicht holten, so zum Beispiel die wertvolle Kohle für das wärmende Herdfeuer oder das gleißende Edelmetall. Suchen und Finden war mit Gefahr verbunden, daher baten sie die *Barbara im dunklen Turm* um Schutz. Die Bergarbeiter nahmen ein *Barbaralicht* mit ins Bergwerk, das ihnen leuchten und sie behüten sollte.

An ihrem Festtag wurden zu ihrem Gedenken Geschichten erzählt, *Barbarabrot* gebacken und miteinander gegessen, um sich in besonderer Weise damit zu stärken. Bis heute sind vor allem *die Barbarazweige* bekannt (JB Seite 38), deren Knospen zu Weihnachten aufblühen, ein Sinnbild für die christliche Hoffnung, dass die Menschen auf eine neue Lebensqualität nach dem Tod hoffen dürfen. Die Ursprünge dieses Brauches reichen bis in die heidnische Vorzeit zurück: im Spätherbst wurden knospende Zweige geschnitten und ins Wasser gestellt als Zeichen wachsenden Lebens. Aus der Anzahl der Blüten schloss man auf die Fruchtbarkeit des kommenden Jahres.

In Verbindung mit dem Weihnachtsfest wurden die Barbarazweige auch zum Sinnbild für den Zweig aus der *Wurzel Jesse*, der nach dem langen ersten Advent grünt und blüht (Siehe hierzu auch JB Seite 40).

- Für Kinder ist die Legende im JB Seite 37 nacherzählt;
- mit den Kindern darüber sprechen: warum der Gott der Christen für Barbara groß ist ...;
- warum sie keine Angst hatte zu sterben ...;
- was die Kirschzweige Barbara erzählten (Hoffnungszweige, dass Gott neues Leben gibt);
- mit großen Bausteinen einen festen Turm bauen ...;
- im Garten Kirschzweige schneiden oder auf dem Markt kaufen ...;
- die Zweige wie beschrieben in eine Vase stellen und in der kommenden Zeit beobachten, was bis Weihnachten geschieht ...;
- wenn der Turm stabil genug ist, kann die Vase mit den Zweigen auf dem *Barbaraturm* stehen oder einen Turm um die Vase bauen, woraus die Zweige sich ausbreiten.

Elemente für eine Barbarafeier:

Die Legende erzählen; ein Barbaralicht anzünden, das Gedicht für Kinder *Am Barbaratag* sprechen; das Lied *Alle Knospen springen auf* gemeinsam singen (dabei ist zu beachten, dass die Kinder jeweils die ersten beiden Zeilen singen, die Erwachsenen den sich erweiternden Refrain); anschließend erhalten die Kinder nach alter Tradition ein Barbarabrot: die *Drei Rosen an einem Stiel*, die als Blumen wie die Barbarazweige zeigen, dass alles Verdorrte wieder wachsen wird (Backanleitung s. Seite 103 im JB).

Nikolausfest – 6. Dezember
Lasst uns froh und munter sein

Einführung (Seite 43)

Nikolaus ist wohl der bekannteste und beliebteste Heilige. Er wurde vor allem als der Freund und Schutzpatron der Kinder verehrt. Was wir historisch über ihn wissen, ist nicht allzu viel. Er soll gegen Ende des 3. Jahrhunderts in Patara, einer Hafenstadt Lykiens, der heutigen Türkei geboren sein. Seine überlieferte Freigebigkeit lässt darauf schließen, dass er nicht unvermögend war. Historisch überliefert ist seine Zeit als Bischof in Myra, der Hauptstadt

Lykiens in der südlichen Türkei. (Heute heißt Myra Demre, für alle, die den Ort bei einer Ferienreise einmal aufsuchen möchten). Er soll am 6. Dezember um das Jahr 350 n. Chr. gestorben sein, vielleicht auch etwas früher. Man weiß es nicht genau, weil aus dieser Zeit noch das Todesdatum eines anderen Bischofs mit dem Namen Nikolaus überliefert ist.
Sein Ruf als mitleidsvoller Helfer in aller Not verbreitete sich rasch in viele Länder, sodass immer mehr Menschen zu seinem Grab in Myra pilgerten. 1087 kamen nicht nur Pilger, sondern auch Kaufleute aus Bari, einer Stadt in Süditalien. Sie raubten den Leichnam des verehrten Heiligen. Sofort wurde eine Kirche über dem neuen Grab in Bari gebaut, und schon 1089 berief der damalige Papst eine Bischofskonferenz zum Grab des Heiligen in Bari ein. Von diesem Zeitpunkt an verbreitete sich seine Verehrung bis weit in den Norden und Osten bis nach Russland. Es wurden ihm zu Ehren viele Kirchen gebaut. Im Laufe der Zeit wurde er von den unterschiedlichsten Gruppen verehrt: als Schutzpatron der Kinder, der Seefahrer, der Fischer, der Kaufleute, der Bäcker, der unverheirateten Mädchen und der Liebenden, sogar der Diebe und Strolche. Viele Kinder wurden nach ihm benannt, wie es die lustigen Verse im Jahresbuch Seite 44 dokumentieren.
Wie kam es zu dieser großen Verehrung?

Bischof Nikolaus war nicht der große Held oder Märtyrer, der für seinen Glauben sterben musste. Er war vielmehr der selbstverständliche Helfer in jeglicher Not, so auch für die, die schuldig geworden waren. »Das Erbarmen gegen jeden Menschen in jeder Not ist der Grundzug seines Wesens«, hat es einmal jemand in einer Biografie formuliert. So wurde er durchscheinend für die eigentlich selbstverständliche Nächstenliebe eines Christen nach Jesu Vorbild und Gebot. Die Menschen empfanden ihn nicht so weit abgehoben. Als Bruder war er gewissermaßen einer von ihnen. Als solcher blieb er als erreichbares Vorbild im Gedächtnis der Menschen.
Da ist es nicht verwunderlich, dass sich in der Zeit nach seinem Tod viele Legenden um seine Gestalt rankten, in denen es um diese authentische geschwisterliche Nächstenliebe geht. Im Jahresbuch sind drei Legenden weitererzählt, die das den Kindern nahe bringen:

Geschichten vom Heiligen Nikolaus
Von den Beuteln mit den Goldstücken (Seite 44)
Rettung aus großer Hungersnot (Seite 45)
Hilfe im letzten Augenblick (Seite 46)

Ich möchte noch eine vierte anfügen, die in dem Sinnbild des Herzens die Botschaft des heiligen Nikolaus zentriert und in ihrer Aktualität bis heute nichts eingebüßt hat:

Das steinerne Herz
Ein Kaufmann war sehr reich geworden, konnte aber nie genug bekommen und wollte immer noch mehr verdienen. Als er eines Tages auf Reisen war, erschien ihm der Verführer. »Möchtest du reicher als alle werden?«, fragte er ihn. »Nichts lieber als das«, sagte der Kaufmann, »was muss ich dafür tun?« »Du musst mir dein Herz geben«, sagte der Verführer.
Ohne Zögern tauschte der Kaufmann sein Herz gegen einen Stein. In nur einem Augenblick geschah das. Dann verschwand der Verführer.
In den folgenden Jahren wurde der Kaufmann reicher als alle anderen Menschen, aber auch immer verlassener und einsamer. Als er eines Tages wieder dorthin kam, wo ihm der Verführer sein Herz genommen hatte, begegnete ihm der Bischof Nikolaus von Myra. »Warum bist du so traurig?«, fragte er den Kaufmann. Da erzählte der reiche Mann seine Geschichte. Der Heilige

tröstete ihn und sprach: »Du kannst wieder glücklich werden, wenn du mit deinem Geld den Armen hilfst. Geh in die Häuser der Krankheit und des Hungers und lerne die Not der Menschen sehen«.
Der Kaufmann tat, wie ihm der Bischof Nikolaus geraten hatte. Mit jedem guten Wort und mit jeder helfenden Tat schmolz der Stein in seiner Brust und das Herz kam wieder.
Als er starb, war aus dem armen Reichen ein reicher Armer geworden.

Diese Legende zeigt Nikolaus als den großen Herzseher, der in dem reichen Mann dessen Herz aus Stein entdeckt.

Gesprächs- und Gestaltungsaspekte:

- Wie Nikolaus ihm hilft, sein Herz aus Stein zum Schmelzen zu bringen und sein *richtiges*, lebendiges Herz wieder zu finden...;
- aus Mürbeteig (Rezept, JB S. 54) Herzen ausstechen, backen und bei einer Nikolausfeier ihm zu Ehren gemeinsam essen.

Das Nikolausfest (Seite 47)

Das Nikolausbrauchtum hat sich im Laufe der Jahrhunderte immer wieder verändert. Das bei uns bekannte Brauchtum geht auf die Legende von der Rettung der drei Schüler zurück. Nikolaus spielte schon in der Pädagogik des Mittelalters eine Rolle. Die Jungen durften einen Kinderbischof wählen, sodass sie in seiner Person eine Möglichkeit hatten, ihre Belange zu vertreten. Auch die Legende von den drei unverheirateten Mädchen, denen Nikolaus zu ihrer notwendigen Mitgift verhalf, wurde in das Brauchtum eingebracht.
Seit ungefähr Anfang des 16. Jahrhunderts erschien am Vorabend des Nikolaustages ein als Nikolaus verkleideter Mann, der den Kindern von den Gaben des Herbstes Äpfel, Nüsse und ein Nikolausgebäck brachte. Seit dem 17. Jahrhundert ist dann auch bekannt, dass Nikolaus mit einem Begleiter erschien und die Kinder prüfte: nach Glaubenswissen, Gebetskenntnissen und Gehorsam. Bis in unsere Zeit wurde so leider auf Kosten einer so lebensnahen, verehrungswürdigen Glaubensgestalt *schwarze Pädagogik*, nicht selten zur Freude der Erwachsenen, betrieben. Der beliebte Schutzpatron der Kinder wurde auf diese Weise zu einem Erziehungsgehilfen degradiert.
Woher der Furcht einflößende *Knecht Ruprecht* in dieses Brauchtum kam, ist nicht mehr eindeutig festzustellen: einerseits sollte er wohl den Bösen oder das Böse verkörpern, das Nikolaus den Kindern in dieser Schreckgestalt vorführen sollte. Vor ihm sollten sich die Kinder fürchten und so das Böse in Zukunft meiden, was sicherlich zu mancher seelischen Verdrängung geführt hat. Bis ins letzte Jahrhundert hinein wurde dieser negative Brauch gepflegt. Eine andere, ältere Wurzel des polternden Knechtes liegt in den heidnischen Wachstumsgeistern, die mit ihren Ruten Lebensgeister übertragen wollten und so eine ganz andere, positive Rolle spielten.
Nach der Reformation lösten die evangelischen Christen Nikolaus als Gabenbringer durch *das Christkind* zu Weihnachten ab. Sie stellten Jesus Christus als den Geber aller Gaben in den Mittelpunkt.
Der heute nicht zu übersehende *Weihnachtsmann* ist im Zuge der Säkularisierung entstanden und als Gabenspender eine Erscheinung des späten 19. Jahrhunderts. Er ist u.a. dann wohl durch das meistgesungene Weihnachtslied *Morgen kommt der Weihnachtsmann* (Hoffman von Fallersleben) und später, 1931, durch die Firma Coca Cola in USA als Werbeträger stark verbreitet worden. Mit ihm wurden Züge des Nikolaus vermischt bis hin zum roten Mantel

und Mütze als einer degenerierten Bischofstracht.
Dieser Weihnachtsmann hat jedoch die Gestalt des altehrwürdigen Nikolaus völlig korrumpiert und häufig zum Kaufanimateur degradiert. Die Verwirrung der Kinder dürfte komplett sein. Das illustriert die Frage eines Kindes an seine Mutter auf einem Weihnachtsmarkt: »Mami, warum laufen hier so viele Nikoläuse, wo ist dann der richtige Nikolaus?« Die Antwort der armen Mutter blieb nicht aus: »Das weiß ich auch nicht.«

Ein Brief des Nikolaus an die Kinder (Seite 47–48)

versucht den Kindern das Ganze kindgemäß darzustellen:
- mit den älteren Kindern den Brief lesen und darüber sprechen ...;
- an einem Elternabend den Nikolausbrief als Arbeitspapier kopieren und in einzelnen Gruppen diskutieren ...;
- den Nikolausbrief mit Anmerkungen als Elternbrief versenden.

Nikolaus war schon da gewesen (Seite 50)

Diese Erzählung macht das Dilemma einer wenig sinnvollen Tradition deutlich:
- in der Grundschule erzählen oder vorlesen;
- Gesprächsaspekte: warum das Kind enttäuscht und traurig ist ...;
- welche Erfahrungen wir erzählen möchten ...;
- was im folgenden Jahr anders wurde an Sankt Nikolaus ...;
- wie Sankt Nikolaus wohl am liebsten geehrt werden möchte ...:

Darauf gibt das folgende Gedicht einige mögliche Antworten:

Nikolaustag (Seite 49)

Es zeigt in kindgemäßer Weise auf, worum es am Nikolaustag in seinem Ursprung geht:
- Nikolaus feiern, der in selbstloser Güte auf der Seite derer stand, die ihn brauchten:
- die Angst hatten, verzweifelt waren, Hunger hatten, sich nicht wehren konnten (wie die Kinder zum Beispiel);
- warum Nikolaus auch *Herzseher* genannt wird (»Er sah mit seinem Herzen gut, wie Jesus einst getan ...«);
- Vergleich mit der Legende *Das steinerne Herz*;
- *Sinnbild Herz als Lebens- und Liebeskraft: (siehe auch im Elisabeth Kapitel* Seite 138)
- das Gedicht in einzelnen Strophen von den Kindern *auswendig-inwendig* lernen und bei einer Nikolausfeier abwechselnd rezitieren lassen.

Jetzt ist Nikolausabend da – Ideen für einen Nikolausabend (Seite 51–53)

Wir sollten heute das Nikolausfest wieder in der rechten Weise feiern. Ob nun im Kindergarten, in der Schule oder in der Familie, wir sollten das Fest nicht für Erziehungshilfen missbrauchen und auch nicht aus falschen romantisierenden Gefühlen heraus dem Kind den *echten Nikolaus* vorgaukeln, was sich letztlich für das Kind oft irgendwann als ein falsches Spiel und schmerzlicher Betrug herausstellt. Allen muss bewusst sein, dass es sich um ein wundervolles Spiel zu Ehren des Bischofs Nikolaus handelt, das allen Beteiligten Freude bringen will. Deshalb zieht der *Nikolausdarsteller* vor den Kindern seine *Nikolausgewänder* an, und es ist immer wieder zu beobachten, dass dieser Nikolaus dann die Kinder voll in seinen Bann schlägt. Im Jahresbuch sind Vorschläge für die Vorbereitung und

Gestaltung einer solchen Nikolausfeier gemacht, bei der wir auch der Botschaft des Nikolaus getreu beschenkt werden und selber schenken. So behält das Fest seinen adventlichen Charakter, nämlich: das Nikolausfest führt uns näher an Weihnachten heran, an das Kind in der Krippe, das Geschenk Gottes an uns Menschen ist. »Dann wird bald gute Weihnachtszeit«, heißt es im Jahresbuch. Besondere Freude macht es, wenn bei einer Feier im Kindergarten, in der Schule oder im Hort die Eltern mit beteiligt werden.

Vom Kuchenklaus – ein Bildbrot (Seite 54–57)

Bilder, die gebacken werden, haben eine lange Tradition. Sie gehen auf eine alte, tief verwurzelte Vorstellung zurück, dass die Leben erhaltenden Kräfte, die das Brot enthält, auf den übergehen, der es isst, und dass dabei das sinnbildlich Dargestellte auf den Essenden übergeht. Diese Botschaft des Brotes und was sie bedeutet, hat eine lange Geschichte. Im Folgenden daraus einige wenige Aspekte:

In frühester Zeit wurden mit geformten Broten, den *Bildern aus Brot*: z.B. Tierformen, den Göttern Gaben dargebracht, um sie günstig zu stimmen. Diese gebackenen Tierformen lösten die bis dahin üblichen Tieropfer ab. Die *Bildbrote* oder auch *Gebildbrote* genannt, wurden dann nach dem Opferakt gleichsam als Geschenk der Götter an die Menschen verzehrt. Sie sahen darin ein Zeichen, das ihnen Leben zusicherte. Auch den Toten legte man Bilder aus Brot als Wegzehrung auf das Grab. Die Trauernden feierten ein Totenmahl am Grab und fühlten sich so beim Brotessen mit den Toten innerlich verbunden (siehe hierzu auch im JB Seite 316). Auch wir versammeln uns heute noch nach einem Begräbnis zu einem gemeinsamen Mahl. Interessant ist hierbei auch der Brauch, dass Soldaten bis in unsere Zeit ein Stück heimatliches Brot als Zeichen der inneren Verbundenheit, *als einen guten Gefährten* mitnahmen, um die anstehenden Gefahren und Ängste des Krieges seelisch besser zu überwinden.

Aus dem bisher Gesagten dürfte schon deutlich geworden sein: der Sinn des Brotes erschöpft sich nicht in seinem Gehalt als Nahrungsmittel allein. Das Brot ist bereits in seinem Entstehungsprozess ein *Sinnbild des Stirb und Werde*: Getreidekörner werden in die dunkle Erde gelegt, liegen wie tot in der Vegetationsruhe, keimen jedoch im Verborgenen und wachsen als junge Saat aus der Erde hervor, streben dem Blühen und Reifen entgegen, bis die Körner geerntet, gedroschen und gemahlen, dann mit Wasser und anderen Zutaten vermengt und verknetet zu duftendem und kraftspendendem Brot gebacken werden. Dieser Prozess wurde den Menschen zum tiefen Sinnbild, dass alles Leben sich wandelt, auch über das Sterben hinaus. Und es müssen sich viele Hände regen, bis das Brot uns erfreuen und sättigen kann: Brot also auch ein Sinnbild für Kommunikation und Gemeinschaft.

Brot hat in der Geschichte der Menschheit in seiner Bildhaftigkeit eine wichtige, im Laufe der Zeit eine sich wandelnde Bedeutungsrolle gespielt. Heute in der Zeit einer hoch entwickelten Industriegesellschaft laufen wir Gefahr, in rein rationalen Erwägungen stecken zu bleiben. Die Tiefenpsychologie macht jedoch deutlich, dass »ein Mensch, der sich von den mythischen Schichten seines Lebens löst, lebensunfähig wird« [1]. So wächst heute nicht zufällig wieder das Interesse für Märchen, Bilder und Musik, wie auch auffallenderweise die Brotformen der Bäcker in ihren Schaufenstern vielfältiger werden. Ist es nur die Liebe zu Formen, Nostalgie oder ist es mehr? »Brot behält seine volle Gültigkeit als Nahrungsmittel, als Energieträger für den biologischen Haushalt des Menschen, der in allem mess- und wägbar ist und bleibt. Aber hinzu tritt die Symbolfähigkeit des Brotes, menschliche Gestimmtheiten zum Ausdruck zu bringen«.[2] So wird die Doppelseitigkeit der Bildbrotsprache deutlich: der Ernährungswert des Brotes und welcher Sinn uns dahinter oder darin aufscheint. Schauen wir uns einmal bei den Gebäcken die zahlreichen Formen von Schnecken, Spiralen oder Radformen an, die z.B. zu Neujahr gebacken und geschenkt werden. Sie sind Sinnbilder des Sonnen- und Lebenslaufs. Je größer sie gebacken wurden oder wieder werden, je größer soll die Segensfülle sein, die damit dem Beschenkten gewünscht wird. Wenn dann noch dabei bedacht wird, welche Gedanken beim Kneten und Formen der Brotbilder den Bäcker oder die Bäckerin begleiten, wie sie die anderen mit bedenken beim Backen, dann wird die Kommunikationskraft der Brotbilder deutlich. Das wird fortgeführt beim gemeinsamen Brotessen. Gemeinsam essen sich die Menschen in den Neubeginn des Jahres, im Vertrauen auf eine gute Zukunft.

Ein Weiteres wird hier deutlich: es müssen Menschen da sein, die einen gemeinsamen Deutungshorizont für solche Sinnbilder haben. Es kommt auch auf das Beziehungsgefüge an, in dem das Brotbild über seinen Nahrungswert hinaus einen neuen Sinn bekommen kann. Auch Jesus machte ja das Brot zum heiligen Zeichen seiner Gegenwart. »Christus stellt die geschöpflichen Gaben in ein neues Bezugssystem. Er nimmt die Tatsache, dass beispielsweise das Brot in der Erfahrung des Menschen nicht mehr nur Nahrungsmittel, sondern auch Kommunikationsmittel geworden ist, in das Geschehen des Abendmahls auf«.[3]

Es sind bestimmte Zeiten im Lauf des Jahres, an denen Bilder aus Brot gebacken und geschenkt und gegessen werden: wenn die Tage länger und die Nächte kürzer werden, oder umgekehrt am Fest der Sommersonnenwende, wenn die Tage kürzer und die Nächte länger werden; wenn das alte Jahr zu Ende geht und das neue beginnt; an bestimmten Festen wie Weihnachten und Ostern, Erntedank und Allerheiligen, an denen das Leben in besonderer Weise gefeiert wird. Da rücken die Menschen zusammen. Gemeinschaft tut gut, um den besonderen Zumutungen des Lebens nicht allein ausgesetzt zu sein oder um das Leben gemeinsam zu feiern. Das Gemeinsame findet Ausdruck im Teilen und Miteinander-Essen von Brotbildern: z.B. zum Jahreswechsel Sonnenlaufbrot, Neujährchen oder Hufeisen (JB Seite 102–103).

Teig ist ein bildbares Material. Wenn Kinder einen Teigball zum Kneten und Gestalten in ihre Hände nehmen dürfen, ist es eine Freude zuzusehen, wie spielerisch sie damit umgehen: Sie rollen ihn von einer Hand in die andere, drücken ihre Finger ein und freuen sich über die Fingerspuren, formen ihn auf einer Fläche zu einer Rolle und beginnen aus dem freien Spiel heraus ihrer seelischen Gestimmtheit heraus Ausdruck zu geben. Plötzlich sind sie erstaunt: »Schau mal, was bei mir geworden ist.« Selbst beim *Weckmann-Backen* für das Sankt Martinsfest wird jedes Bildbrot anders. Jedes Kind wird *seinen* Weckmann backen. Die seelischen Kräfte werden über die Finger wirksam.

Im Jahresbuch wird bei der Gestaltung der einzelnen Festzeiten deshalb den Brotbildern ein großer Raum eingeräumt. Die einzelnen Ausdrucksformen sind genau beschrieben.

Im Jahresbuch Seite 54–57 werden die Kinder erzählerisch in die Bedeutung der Brotbilder im Rahmen der adventlichen Gebäcke eingeführt.

Es gibt Rezepte für den *Kuchenklaus*, anderenorts auch *Weckmann* oder *Stutenkerl* genannt, für das spezielle Nikolausgebäck, den *Spekulatius* und die ersten weihnachtlichen Plätzchen, wobei den Kindern die Bedeutung der einzelnen Formen und den Belegmöglichkeiten in Form von Körnern, Gewürzen und Früchten erschlossen wird.

Luciatag – 13. Dezember
Unser helles Licht

Einführung (Seite 58)

Lucias Leben ist historisch belegt. Sie wurde 286 n. Chr. als Tochter einer reichen Familie in Syrakus auf Sizilien geboren.
Wie Sankt Barbara war auch Lucia fasziniert von der Botschaft Jesu und sah die Aufgabe ihres Lebens in seiner Nachfolge. Das bedeutete auch für sie: Gottesliebe und Menschenliebe gehören zusammen. Sie verzichtete auf Ehe und Familie und engagierte sich in ihrer Stadt für soziale Belange. Es blieb nicht verborgen, dass sie diesen Dienst aus christlicher Überzeugung tat und sie in der christlichen Osterhoffnung lebte. Das löste ihre Verfolgung aus. Wie Barbara wurde sie als Christin wahrscheinlich im Jahr 304 n. Chr. ermordet. Ihr Leichnam ruht heute in der Luciakirche in Venedig. Aus ihrem Leben ist den Kindern ihrem Verständnis gemäß im Jahresbuch erzählt.
Ihrem Namen *Lucia* getreu – abgeleitet von *lux* gleich *Licht* – wurde sie als Trägerin göttlichen Lichts in der Dunkelheit ihrer Zeit gesehen. So wurde sie auch seit alters her als die lichtvolle Gestalt im Advent verehrt, die auf das Licht der Weihnacht hinweist. Sie zeigt den Sieg des Lichts über die Dunkelheit.

Lucialichter – Luciaweizen (Seite 59–60)

Im Jahresbuch sind Vorschläge gemacht, wie wir das Lichter-Brauchtum, die Lucialichter in unsere Zeit übertragen können: vom Anzünden einer Luciakerze bis zu einer großen Lichterkette gegen das Leid vieler Kinder in unserer Welt. Noch im 15. Jahrhundert wurde übrigens der Luciatag als *der Lichttag* gefeiert, weil der 13. Dezember nach dem alten Kalender mit der astronomischen Jahresberechnung der kürzeste Tag mit der längsten dunklen Nacht war.
Die Legende *vom Kornwunder*, die eigentlich ein Motiv der Flucht nach Ägypten aufgreift, hat mit dem *Luciaweizen* Eingang in das adventliche Brauchtum gefunden: das wachsende Grün zeigt neues Leben, es weist hin auf das Jesuskind, das in die Welt kommt.

Die längste Winternacht

Die zwölf Rumpelnächte
Der alte Thomastag – 21. Dezember

(Seite 61–63)

Das Brauchtum dieser zwölf dunklen Nächte rund um die Wintersonnwende hat seine Wurzeln in vorchristlicher Zeit. Die Menschen fürchteten sich vor der langen Dunkelheit und brachten sie mit den bösen Geistern in Verbindung, die sie in den Naturgewalten vermuteten. Sie veranstalteten lärmende Umzüge, um die Bösen zu vertreiben und putzten aus dem gleichen Grund die letzten Winkel ihrer Häuser. In christlicher Zeit integrierten sich solche heidnischen Elemente ins christliche Brauchtum wie z.B. der Weihrauch, der beim Ausräuchern von Haus und Hof benutzt wurde. Heute wissen wir, dass Weihrauch ein keimtötendes Mittel und Naturheilmedizin gegen manche Krankheit ist. Da lagen unsere Vorfahren gar nicht so schlecht mit dem Mittel gegen böse Plagegeister. Den Weihrauch entdecken wir wieder am Fest Dreikönige bei den Gaben der Weisen als Sinnbild für Jesus, der den Menschen heilen will an Leib und Seele.

Der Apostel Thomas, einer der Gefährten Jesu, kam in das adventliche Brauchtum, weil er in seinem Leben die Dunkelheit des *Nicht-Glauben-Könnens* durchlitten hatte. Heute ist sein Festtag im christlichen Kalender verlegt worden. Aber wir sollten doch wie in alter Zeit im dunklen Advent von ihm erzählen. Wie Thomas plagen uns heute auch manche dunkle Zweifel. Seine Geschichte deutet uns, dass sie nicht unterdrückt werden müssen, sondern frei geäußert werden dürfen. Jesus zeigt ihm und uns, dass er alles Dunkel in unserem Leben ernst nimmt und erhellen will.

Die Zeit der zwölf Nächte ist die Zeit der Wintersonnenwende. Unsere Vorfahren holten neben Adventskranz und Weihnachtsbaum auch grüne Zweige für Sträuße ins Haus. Die Fülle der immergrünen Zweige sollten als Symbol der ewigen Lebenskraft die bösen Geister wie Gedanken des Unheils, der Angst und Verzweiflung verwandeln in Zutrauen, Hoffnung und Stärke. Sie wollen davon erzählen, dass die Sonne ihnen Lebenskraft gibt und weisen so auf das Geburtsfest Jesu hin, der als *die Sonne* in unserem Leben unsere leibseelische Lebenskraft stärken will.

Adventliches Ritual:
Adventsspirale – Mit den Kindern dem Licht entgegengehen:

- auf einem größeren Platz draußen oder drinnen eine Spirale aus Tannenzweigen so legen, dass man hindurchschreiten kann;
- in die Mitte eine große geschmückte brennende Kerze stellen;
- auf die Tannenzweige verteilt so viele gebastelte Sterne als Kerzenteller legen, wie Kinder teilnehmen;
- jedes Kind hat ein *Apfellicht* (Sinnbild der Frucht vom Paradiesbaum): eine in einen Apfel gesteckte Kerze, die mit einer roten oder goldenen Rosette umlegt ist;
- ein Kind nach dem anderen geht den Weg zur Mitte, zündet seine Kerze an und geht wieder nach außen. Dabei stellt es sein Licht auf einen Stern.

- Zuletzt stehen die Kinder im Kreis um die leuchtende Spirale;
- die Kinder singen das Lied *Wir warten auf den Einen* – JB Seite 33.

Die zwölf dunklen Nächte dauerten bis zum Dreikönigstag. Zwischen Weihnachten und Dreikönige stand dann jedes Haus zwölf Tage lang für jedermann und jedefrau gastlich offen. Es wurde gegessen und getrunken, Weihnachtsbaum und Krippe bewundert, erzählt und gesungen, gespielt und getanzt. Die Geburt Christi wurde mit großer Freude gefeiert auch als Ausdruck, dass in dem Jesuskind das Heil gegen den Kampf mit dem Bösen geboren ist. (Vergleiche hierzu Fest Sankt Michael AH S. 122)
In dem Spannungsgefüge von Angst und Unruhe der dunklen Mächte einerseits und Freude wie Frieden zur Weihnacht andererseits liegt auch der Brauch begründet, dass in heidnischer wie auch christlicher Zeit während der zwölf Nächte und Tage Frieden herrschte: persönlicher Streit wurde zum Teil unter Mistelzweigen, den *Heilszweigen* beigelegt, und die Waffen mussten ebenfalls schweigen. So wurde die Zeit der Wintersonnenwende, des Weihnachtsfestes als ein *Angebot der Wende* zum Guten, zum Licht erfahren. Hier können wir auch die Lichtgestalten des Advent als Vorbilder einordnen.

Den Kindern ist von diesen zwölf Nächten in Form einer spannenden Feriengeschichte erzählt, die sich zum Vorlesen an dunklen Adventsabenden eignet. Die Kinder werden unbedingt darüber sprechen wollen.

Weihnachten

Zur Krippe her kommet

Es weihnachtet sehr

Einführung (Seite 67/82/84)

Das älteste christliche Fest ist das Osterfest, nicht das Weihnachtsfest. Die österliche Botschaft Jesu, dass der Tod nicht das letzte Wort hat, sondern die Geborgenheit in Gott, das war den ersten Christen wichtig, das feierten sie als das große Hoffnungsfest, (siehe hierzu auch S. 80).
Erst später wuchs das Interesse für die Kindheit Jesu. So sind auch die biblischen Kindheitsgeschichten Jesu erst Jahrzehnte später entstanden. Deshalb ist der Geburtstag Jesu unbekannt. Nur zwei der biblischen Schriftsteller erzählen davon, Matthäus und Lukas. Das Weihnachtsfest entstand im vierten Jahrhundert und wurde auf den 25. Dezember gelegt. Man nimmt an, dass dieser Tag gewählt wurde als christliches Fest im Gegensatz zum heidnischen Fest der Wintersonnenwende einerseits und des römischen Festes des unbesiegbaren Sonnengottes andererseits. Die Christen setzten das Weihnachtsfest dagegen, als das Geburtsfest der *Sonne der Gerechtigkeit, als das Licht der Welt*, wie sie Jesus nannten.
Deshalb feiern die Christen seitdem Weihnachten als das Fest, an dem die Liebe Gottes zu den Menschen in dem Kind Jesus erschienen ist. Was diese Liebe ausmacht, aus der heraus auch die Solidarität mit allen Menschen möglich wird, das zeigte uns Jesus in seinem Leben bis hin zu seinem Tod. Deshalb können die Christen Weihnachten, sein Geburtsfest als ein Fest der Liebe und der Freude feiern, ohne in Sentimentalitäten zu verfallen. Alle poetischen, fantasievollen und gemüthaften Elemente zur Gestaltung der Weihnachtszeit sollten Ausdruck der Verkündigung dieses Festes sein: wo die Liebe ist, da ist Gott. Reiner modischer Schnickschnack läuft da ins Leere.
Das christliche Weihnachtsfest verbreitete sich rasch überall in der Welt, wo Christen lebten. Es traf in unserer Heimat auf das germanische Fest der Wintersonnenwende mit seinen vielen Bräuchen. Da konnte es nicht ausbleiben, dass sich manches Brauchtum vermischt hat, das heute die Weihnachtszeit für uns so liebenswert macht. So entstammt auch das deutsche Wort *Weihnachten* dem germanischen Wort *wih*, in der Bedeutung von *geweihte oder heilige Nächte*. Damit waren ursprünglich die Nächte rund um die Wintersonnenwende gemeint.
Seite 82 und 84 ist den älteren Kindern im JB darüber erzählt.

Weihnachtliches Schenken

Vorbemerkung

Der Brauch des Schenkens ist schon sehr alt. Ursprünglich wurden, wie schon angemerkt, die Kinder am Nikolaustag beschenkt. Auf Martin Luther geht es zurück, dass zunächst bei den evangelischen Christen die Bescherung der Kinder und dann auch der Erwachsenen allmählich allgemeiner Brauch an Weihnachten wurde als Zeichen des großen Geschenkes, das Gott mit dem Kind in der Krippe der Welt gemacht hat. Die Weihnachtsgeschenke sollten außerdem an die Geschenke erinnern, die die Heiligen Drei Könige dem Jesuskind gebracht hatten.
Das sollte auch heute bei jeder Weihnachtsfeier in der Familie oder im Freundeskreis durch die Art und Weise der Feier Ausdruck finden. In der heutigen Überfülle der Geschenke geht leicht

die Kultur des Schenkens verloren, nämlich sich in den anderen Menschen hineinzuversetzen, der beschenkt werden soll und was im Geschenk von Herz zu Herzen gehen kann. Deshalb lösen oft selbst gefertigte Geschenke mehr Freude aus als das in letzter Minute gekaufte teure Etwas.

Selbst Gebasteltes zum Verschenken (Seite 68)

Kinder sind wahre Künstler im Gestalten von überraschenden Weihnachtsgeschenken, die ihre Zuneigung zu dem Beschenkten ausdrücken. Voller Eifer und Vorfreude sind sie in der Adventszeit mit dem Anfertigen beschäftigt. Hierzu sind einige Gestaltungsvorschläge gemacht. Bewusst sind einfache Materialien ausgesucht, die viel Fantasie freisetzen.

Die folgenden Erzählungen und Gedichte haben alle etwas mit *Schenken* zu tun. Sie eignen sich zum Vorlesen, Vortragen und Miteinander-Bedenken in vorweihnachtlichen Stunden.

Was unter dem Weihnachtsbaum liegt (Seite 69)

Das Gedicht von Max Bolliger thematisiert das Thema *Schenken* und stellt kindgemäß die Frage nach dem Sinn des Schenkens.

Toms Wunschzettel (Seite 71)

Dieses Gedicht kreist um das *Wünschen* von Geschenken. Da wird der Bogen von der konkreten Eisenbahn bis zu ganz anderen Dingen geschlagen wie: Zeit der Eltern für die Kinder, das Miteinander-Umgehen in der Familie, die Bitte für Eltern und Kinder in Kriegsgebieten. Da fehlt auch nicht die Frage an das Jesuskind, was *es selbst* von den Kindern wünscht.

Teresa geht das Christkind suchen (Seite 70)

Was ein Kind, das noch nicht lange in Deutschland lebt, sich in großer Not wünscht, wie es sich auf den Weg macht und die Dinge auf ungewöhnliche Weise ins Rollen bringt, sodass Weihnachten wird, wie alle es sich kaum vorgestellt haben: eine spannende und geheimnisvolle Geschichte zum Vorlesen. Ältere Kinder werden sie bestimmt gerne jüngeren vorlesen.

Bumfidel wünscht sich eine Puppe (Seite 72)

Wie Kinder sich auch einmal Wünsche selbst erfüllen müssen, weil niemand den Sinn ihres Geschenkewunsches einsehen will, davon erzählt diese Geschichte in erfrischender Weise.

Der Strohstern des kleinen Hirtenjungen (Seite 75)

Eine Legende, die eine Antwort darauf versucht, warum Kinder und Erwachsene so gerne Strohsterne basteln und verschenken – und eigentlich keine kaufen sollten.

Weihnachtskarten – Weihnachtsbriefe (Seite 72)
Weihnachtsschmuck – transparente Fensterbilder (Seite 73–74).
Strohsterne (Seite 74)

Zum Basteln und Gestalten sind hier einige Vorschläge gemacht, die nicht zu schwierig sind.

Der bunte Teller (Seite 76–77)

Hier geht es um all die leckeren Weihnachtsplätzchen, die auf einen Weihnachtsteller gehören. Aber wissen wir noch, warum wir gerade diese Plätzchen zu Weihnachten backen und essen wie z.B. *Pfefferkuchen*, Kipferl, Marzipanbrote, Printen und viele andere? Auf diesen Seiten erfahren die Kinder, auf welchen Wegen die kleinen und großen weihnachtlichen Bildbrote in unser Brauchtum gelangt sind und was sie bedeuten. Das Gedicht vom Pfefferkuchen zeigt auf, aus welchen fernen Ländern die Gewürze stammen, und wie im Pfefferkuchen gewissermaßen die weite Welt zu uns kommt. Beim *Weihnachtsstollen* werden alle erstaunt sein, wenn die Kinder zu Weihnachten erzählen können, welches Sinnbild darin verborgen ist.

Weihnachtliches Backen mit Kindern:

- Die Zutaten für die Plätzchen wie Früchte, Gewürze, Körner, Nüsse auf einem Tisch ausbreiten, tasten, riechen, anschauen und schmecken ...;
- von den einzelnen Zutaten erzählen ...;
- die Zutaten für die einzelnen Plätzchen von den Kindern auswählen lassen ...;
- nach Möglichkeit auch eigene Formen der Kinder ausprobieren lassen.

Das Meislein (Seite 77)

Nach der Beschäftigung mit den Bildbroten ist es zu verstehen, dass die Menschen durch alle Jahrhunderte überzeugt waren, dass den Weihnachtsgebäcken ein besonderer Segen innewohnt. Deshalb bekamen die Tiere auch ihren Anteil daran, denn unsere Ahnen fühlten sich den Tieren gegenüber verantwortlich. In solchen kosmischen Hoch-Zeiten wie z.B. bei der winterlichen und sommerlichen Sonnenwende fühlten sich die Menschen den Tieren besonders nahe. In unserer Zeit müssen wir schmerzlich erfahren, welche Konsequenzen es haben kann, wenn die Verbundenheit innerhalb der Schöpfung zerstört ist. Da können uns auch Bräuche wieder neu sensibilisieren. Das Meislein im Gedicht zeigt den Kindern Möglichkeiten, auch Tiere in die Weihnachtsfreude mit einzubeziehen:

- Futterringe für die Vögel aufhängen;
- wie früher einen kleinen Baum im Garten mit Zapfen, Fettringen, Hanfdolden für die Vögel und Nüssen für die Eichhörnchen behängen;
- für Hund und Katze, Hasen usw. eine weihnachtliche Portion Futter bereitstellen.

Der Weihnachtsbaum

Der allererste Weihnachtsbaum (Seite 78–79)

Wie der Weihnachtsbaum im Laufe der Zeit den Weg in unser Wohnzimmer fand und was der Christbaumschmuck im Einzelnen bedeutet, das ist im Jahresbuch für die Kinder dargestellt.

Hierzu noch einige Anmerkungen: Bäume hatten für die Menschen in alter Zeit eine besondere Bedeutung. Der immergrüne Tannenbaum war ein Sinnbild für das wiederkehrende Leben im Frühling. Für die germanischen Vorfahren lebten gute Geister in ihm, die vor Unheil schützten. Daher rührt ursprünglich der Brauch, mit diesen Wintermaien die Haustür, die Wohnräume und auch die Geschenke zu schmücken. Sie sollten vor Unheil schützen und dem Beschenkten alles Glück fürs Leben bringen. Später wurde in mittelalterlichen weihnachtlichen Spielen ein Bäumchen als Paradiesbaum einbezogen. Noch später wurden sogar erst grüne Zweige, dann kleine Tannenbäume von der Decke her mit der Krone nach unten aufgehängt. Nach alter Symbolik wächst der Baum des Lebens von oben nach unten, er wurzelt im Himmel und breitet seine Zweige über die Erde aus, ein Symbol für das Weihnachtsfest, »an dem jener geboren wurde, der von sich sagte, er sei der Baum und wir die Zweige; der alle Kraft aus dem *Himmel* nahm, und dessen Zweige sich über die Erde erstreckten«. [4]

Unser heutiger Weihnachtsbaum hat eine Tradition von ungefähr 400 Jahren, wie im Jahresbuch für die Kinder erläutert ist. Er wird umso bedeutsamer und kann das Weihnachtsfest verwandeln, wenn Eltern und Kinder ihn nicht nur als weihnachtliches Schmuckstück sehen, sondern ihn zu *ihrem Weihnachtsbaum* machen. Dazu gehört, sich zunächst mit dem Sinnbild des Baumes überhaupt vertraut zu machen. Viele Tannenbäume werden heute direkt im Wald angeboten und verkauft. Da bietet sich ein winterlicher Ausflug in den Wald an. Kinder sind in der Regel mit Begeisterung dabei:

- die Tannen, Fichten und Kiefern anschauen und vergleichen ...;
- die Unterschiede der Zweige vergleichen ... mit den Armen diese Zweige darstellen ...;
- wie man sich fühlt, wenn man sich unter die Zweige stellt (der Baum gibt Schutz);
- wenn Schnee liegt, beobachten, wie die Zweige die Last tragen ...;
- die grünen Zweige mit den kahlen Zweigen der Laubbäume vergleichen: (sind so grün wie im Sommer und wollen uns zeigen, dass auch die anderen Bäume wieder grüne Blätter bekommen ..., dass alles wieder auflebt);
- den Stamm umfassen und seinen Umfang fühlen ..., seine Stärke ..., an ihm hochschauen, Astlöcher entdecken, die Vögel als Nesthöhle bewohnen können;
- die Rinde tasten und riechen ... vorsichtig ein Stückchen lose Rinde zum Mitnehmen ablösen;
- den Waldboden unter den Bäumen betrachten ... und darüber gehen ... wie sich das anfühlt ...;
- die Wurzeln anschauen und mit den Händen tasten, bis die Wurzeln im Boden verschwinden ... Schlupflöcher für kleine Tiere an der Wurzel entdecken ...;
- auf die Suche gehen, was im Umkreis alles zu entdecken ist: Moos, alte Wurzeln, kleine und große Zapfen, letzte Eicheln und Bucheckern am Weg ...; jeder Baum schenkt Nahrung ... (Diese Schätze wandern in den Rucksack für die Weihnachtskrippe);
- mit dem Förster oder Waldbesitzer einen Baum für Weihnachten aussuchen..;
- darüber sprechen, warum gerade dieser Baum *unser* Weihnachtsbaum werden soll ...

Die Kinder erleben den Nadelbaum in seinen Lebenszusammenhängen: wie er in der Erde verwurzelt ist und seine Nahrung bekommt; wie er sich zum Licht und der Wärme der Sonne streckt; wie er Schutz, Unterschlupf und auch Nahrung für Tiere bietet; wie er im Winter nicht kahl wird, sondern grün bleibt und so ein Sinnbild dafür ist, dass das Leben nicht erstirbt.

Eine Stilleübung:

Am Abend wieder daheim in der Wärme zu einer Stilleübung einladen: wie ein Tannenbaum stehen und sich mit den Füßen in der Erde verwurzelt fühlen ... imaginieren, wie die Erde Halt gibt ... den Kopf zum Himmel hin spüren ... die Arme wie Zweige ausbreiten ..., die Arme langsam wieder senken, noch einen Moment in der Stille bleiben, dann recken und strecken.

Unser Baum als Weihnachtsbaum:

- Seine immergrünen Zweige zeigen uns, dass nach dem kalten Winter das Leben wieder erwacht. So wird er zum Bild eines Lebensbaumes;
- er erinnert uns an den schönen Baum im Paradies ...;
- geschmückt zeigt er uns das Bild von den Bäumen im neuen Paradies am Ende der zweiten Adventszeit der Menschen (JB S. 343) ...;
- viele schöne Weihnachtszeichen (siehe JB S. 79) aussuchen und überlegen, was sie uns sagen können ..., geschmückt wird unser Weihnachtsbaum so für uns zum Sinnbild für Gottes Liebe und Herrlichkeit.

Der schönste Baum (Seite 79)

Die einfachen Verse bieten sich auch für jüngere Kinder zum Aufsagen am Weihnachtsabend an.

Der goldene Weihnachtsbaum (Seite 80–81)

Diese Erzählung macht uns schmerzlich bewusst, dass es auch Menschen gibt, die das Weihnachtsfest in der Not eines schrecklichen Krieges erleben. Unsere Welt ist nicht heil. Der Liebe gegenüber macht sich oft Hass breit und zerstört Leben. Der schwer verletzte sterbende Junge in der Erzählung schaut einen »wundervollen Weihnachtsbaum mit goldenen Lichtern« als verheißendes Sinnbild für das Licht Gottes, in dem der Schrecken des Krieges erlischt.

Die Weihnachtskrippe

Einführung (Seite 84–85)

Für Kinder und auch viele Erwachsene gehört die Weihnachtskrippe unbedingt zum Weihnachtsfest hinzu. Die wohl erste Krippe verdanken wir Franziskus von Assisi, wie im Jahresbuch erzählt ist. Die Darstellung einer Krippe umfasste immer schon die Ereignisse der Weihnacht, wie wir sie aus der biblischen Erzählung von Lukas her kennen: Geburt, Anbetung der Hirten und der Könige. Dieser Dreiklang wurde dann im Laufe der Zeit immer wieder mit viel Liebe, nach Landschaft unterschiedlich, ausgeschmückt bis heute. Die Barockzeit war dabei eine Hochblüte der Krippenkunst. Die Tiere Ochs und Esel sind in der biblischen Erzählung nicht erwähnt. Sie sind später in die Krippengestaltung im 8./9. Jahrhundert einbezogen worden, nach H. Kirchhoff [5] in Bezugnahme auf den alttestamentlichen Propheten Jesaias, der *von Ochs und Esel an der Krippe seines Herrn spricht* und durch die Deutung des weihnachtlichen Geschehens als kosmisches Ereignis, als Zeichen des endgültigen Friedens für

Mensch und Tier am Ende der Zeiten (s. hierzu JB S. 29).

In katholischen Familien stand lange Zeit nur die Krippe im Wohnzimmer, in evangelischen Familien der Weihnachtsbaum, bis sich das im Laufe der Zeit wunderbarerweise vermischt hat. Bei einer Krippengestaltung sollte der biblische Erzählstrang nicht in einer überbordenden Folklore untergehen.

Es bietet sich an, die Krippenfiguren und die Krippe in der Adventszeit mit den Kindern selbst zu gestalten. Je jünger die Kinder sind, je einfacher sollte das Material sein, Knetmasse zum Beispiel, die sich durch Trocknen erhärtet und anschließend bemalt wird oder auch schon Ton, der gebrannt wird. Vielleicht haben die Kinder im Wald eine Wurzel entdeckt, vielleicht sogar mit einem sprießenden Zweiglein, der *Wurzel Jesse*, die sie im Jahresbuch S. 40 kennen gelernt haben. Eine kleine Mulde in dieser Wurzel wäre eine schöne Wiege für das Jesuskind. Eine Rose dazu und alle verstehen das Lied *Es ist ein Ros entsprungen* (JB S. 42) am Heiligen Abend gleich besser. Auch die *Christrose* kann einen Platz an der Krippe finden. Die Legende (JB S. 90), erzählt den Kindern, warum die Blume eine *Krippenblume* ist.

Die Hirten von Bethlehem (Seite 82–83)

Im Jahresbuch für Kinder ist bewusst nicht der authentische Bibeltext aufgenommen, sondern eine Erzählung eines achtjährigen Mädchens, wie *sie* die Weihnachtsgeschichte innerlich erlebt hat, illustriert ebenfalls durch eine Kinderzeichnung. So wie Maler, Dichter und Musiker im Laufe der Geschichte ihre Interpretation dargestellt haben, sollten in einem Kinderbuch nun die Kinder an der Reihe sein.

Text und Bild sind sehr dicht in ihrer Aussagekraft: Zunächst die Schilderung der ruhigen normalen Hirtennacht mit den Fliegen in der Nacht als kleine Sterne der Normalität. Dann bricht urplötzlich Gewaltiges herein, dem die Hirten kaum standhalten können. Das illustriert das Bild auf unnachahmliche Weise im blendenden Licht des Engels, das die Hirten zu Boden drückt. Die beruhigenden Worte des Engels reichen nicht aus. Die Hirten *flehen* ihn an – sie können kaum noch standhalten –, ihnen zu sagen, was ihre Botschaft ist. Der anschließende Lobpreis des Engelchores scheint die Hirten in die Wärme der Botschaft geholt und Kräfte in ihnen freigesetzt zu haben. Die *himmlische Szene* mündet in die Normalität der Hirten: alt und *krümpelig* (eine Wortschöpfung der Erzählerin), und hellwach laufen sie los. Es folgt eine geradezu rührende Szene an der Krippe im Stall. Aber in der kindlichen Naivität scheinen auf: das Niederfallen vor dem Kind, die Erkenntnis der Armut und die Nähe des Kindes zu den Hirten.

Kinder malen die weihnachtlichen Szenen sehr gerne:

- im Advent die einzelnen Szenen erzählen und mit ihnen darüber sprechen;
- auf möglichst großen Blättern (z.B. DIN-A3) mit Wachsmalstiften oder Wasserfarben großzügig malen lassen. Dabei die Kinder nicht farblich festlegen. Sie wählen die Farben danach aus, was sie empfinden und emotional ausdrücken wollen;
- diese Bilder in das weihnachtliche Schmücken und Schenken mit einbeziehen.

Adam- und Evatag – 24. Dezember

(Seite 78)

Der Adam- und Evatag schlägt den Bogen von der Urgeschichte bis zur Geburt Jesu hin. »Die Bibel bekennt: Gott hat die Welt samt dem Menschen gut erschaffen (Gen 1,31). Die im alttestamentlichen Buch Genesis 3,1–7 überlieferte Erzählung vom Sündenfall will zeigen, dass nicht Gott verantwortlich ist für die Sünde, sondern dass die Menschen sie in die Welt einführen.« [6]. Das Paradeiserl greift den adventlichen Gedanken *Von der Zeit, die gut ausging* (JB Seite 28), wieder auf. Es zeigt mit seinen immergrünen Zweigen, dass Leben immer wieder wachsen will, dass alles Böse in der Welt sich wandeln kann zu Gutem. Mit seinen Äpfeln erinnert es an die Paradiesesfrüchte, an den guten Geschmack des Lebens. Mit seinen Kerzen weist es auf die Geburt Jesu hin, der das Licht in die Welt gebracht hat. So kann *der kleine Baum* auf den *großen Baum* mit seinen vielen Lichtern zu Weihnachten hinführen.

Im Jahresbuch ist skizziert, wie ein solches Paradeiserl ganz einfach zu basteln ist, für diejenigen, die es mögen. Es kann auch als adventliches Sinnbild mit vier Kerzen den Adventkranz einmal ablösen. Er kann auch zu Weihnachten seinen Platz neben der Krippe finden.

Den Heiligen Abend feiern (Seite 86–89)

Auf diesen Seiten sind konkrete Vorschläge gemacht, wie das Fest des Heiligen Abends stufenweise gestaltet werden kann, wobei das Schenken als Konsequenz des weihnachtlichen Geschehens den Schlussakkord bildet. Das Fest sollte eigentlich immer vor der Krippe beginnen. Hierzu ein Vorschlag:

- Den Text aus der Bibel oder die Nacherzählung JB S. 82–83 lesen, dazu jeweils passend die Figuren in die Krippe einordnen (möglichst alle beteiligen);
- dann die Lichter am Weihnachtsbaum anzünden;
- das Gedicht *Die Heilige Nacht* (JB S. 87) lesen oder vortragen;
- ein Weihnachtslied singen: z.B. *Zumba, zumba, welch ein Singen*, hierbei kann einer oder eine den eigentlichen Text singen, die Übrigen jeweils den Refrain: Zumba, zumba, welch ein Singen ...;
- einander *Frohe oder Gesegnete Weihnachten* wünschen;
- einander weihnachtlich beschenken;
- feierliches Weihnachtsessen, wozu S. 89 im JB ein Gebetsvorschlag zu finden ist.

Warum jedes Jahr wieder Weihnachten ist (Seite 90–95)

Eine spannende Weihnachtsgeschichte über Pit, Pat und Pet, die Spaß und auch ein klein bisschen nachdenklich macht, so richtig zum Lesen oder Vorlesen an den Feiertagen geeignet.

Ich male den Winter (Seite 109)
Endlich Schnee (Seite 110)
Spuren im Schnee (Seite 111)

Es sind Winter-Geschichten für die Weihnachtsferien, die auch für gemeinsame Aktivitäten von Kindern und Erwachsenen in der winterlichen Natur animieren wollen.

Tag der unschuldigen Kinder – 28. Dezember (Seite 96–97)

Das ist ein ambivalenter nachweihnachtlicher Tag: auf der einen Seite Unheil, Kindermord und Flucht, auf der anderen Seite ein fröhlicher Kindertag, wie er sich im Brauchtum herausgebildet hat.

Kinder als Opfer von Gewalt, das ist leider ungeheuerlich aktuell bis heute. Kinder sehen u. a. die Bilder in den Medien. Sie brauchen Hilfe in Gesprächen, um das zu verarbeiten. Die Bibel erzählt davon, wie auch das Jesuskind durch die Machtpläne eines Herrschers gefährdet wurde. Achtjährige Kinder haben auf ihre Weise nacherzählt und auch gemalt, was sie empfunden haben. Die Darstellung des Herodes, S. 97 zeigt, wie dieser Despot eingemauert ist in seiner Macht und Angst vor Entmachtung, wie er sich aufstemmt gegen den angekündigten neuen König, wie das Gesicht Wut und Entschlossenheit zeigt, wie gefährlich er nicht nur aussieht: das alles gemalt auf einem blauen Hintergrund, ein Blau von winterlicher, seelischer Kälte. Der Text berichtet in wenigen Sätzen über das grausige Geschehen. Die Letzten drücken die hereingebrochene Finsternis über Bethlehem aus: *über Bethlehem stand die Sonne traurig und schwarz*. Das weihnachtliche Licht hat sich verdunkelt. Malen und intensive Gespräche helfen den Kindern, das alles zu verarbeiten.

Der erste Teil der Nacherzählung berichtet davon, dass Jesus im Traum von einem Engel den Auftrag erhält, mit dem Jesuskind und Maria nach Ägypten zu fliehen. Josef erscheint als ein Mann, der die Sprache seines inneren Lebens versteht. Der Therapeut Helmut Hark hat die Träume die *vergessene Sprache Gottes* genannt. Josef kennt sie noch. Für ihn ist sie die Stimme, die ins Leben weist. So kann er das Leben des Jesuskindes retten.

Dem Traum kam auch in den zwölf Rauchnächten rund um Weihnachten eine besondere Bedeutung zu. Die Menschen glaubten, dass alles das, was sie in diesen Nächten träumten, auch in Erfüllung gehen würde. Wenn wir es heute dahingehend interpretieren, dass *Träume nicht nur Schäume* sind, sondern dass sich in ihnen Tiefenschichten unserer Seele regen, sollten wir wie Joseph unseren Träumen nachgehen. Sie können wichtige Ratgeber für uns sein. *Am Tag der Kinder* können sie uns darauf aufmerksam machen, dass Erwachsene die Träume der Kinder nicht beiseite wischen dürfen wie z.B.: »Ach, das hast du nur geträumt«. Die Kinder sollten sie erzählen und mit jemand nachspüren dürfen, was ein Traum mitteilen will.

Der Tag der unschuldigen Kinder war bis 1300 auch ein Festtag der Kinder. In den damaligen Schulen und in Klöstern und auch in den Familien bildeten sich unterschiedliche Bräuche heraus, die im Jahresbuch dargestellt sind mit Vorschlägen, wie ein *Kindertag* heute *einmal ganz anders* ausschauen kann.

Silvester – 31. Dezember (Seite 98–99)

Der letzte Tag des Jahres ist nach dem Papst Silvester benannt, der als Friedenspapst nach der Beendigung der Christenverfolgungen die Christen in eine Zeit des Friedens führen konnte. Da könnte man sich auch heute keinen besseren Patron für das Fest wünschen. Sein Todestag war wahrscheinlich der 31. Dezember 355. Die Menschen früher räucherten noch einmal Haus und Hof aus, um nichts Böses mit ins Neue Jahr zu nehmen. Die Bauern umwickelten die Obstbäume mit Stroh, um sie zur Fruchtbarkeit anzuregen. Sie warfen einen letzten Blick

auf ihre winterlichen Felder und sprachen ein Segensgebet. Dieses Mitleben mit der Natur wird uns das ganze Jahr über begleiten und sicherlich einige Fragen an uns stellen. Wer heute einen Garten besitzt, kann mit den Kindern die Beete abdecken und nachschauen, welcher Baum oder Strauch einen Frostschutz braucht. Dabei können die Kinder eine einfache Bitte um Segen aussprechen.
Über das Zusammensein am Abend und den Bräuchen und Spielen des Silvesterabends ist im Jahresbuch vieles dargestellt.

Prosit Neujahr – 1. Januar

(Seite 100–103)

Die Erwartungen der Menschen an *das Neue Jahr* sind groß. Viele Hoffnungen knüpfen sich daran. Deshalb machten sich die Menschen seit alters her auf, nach dem Gottesdienst Verwandten, Freunden, Nachbarn gute Wünsche für das Neue Jahr zu bringen. Dabei spielten die Neujahrs-Brotbilder eine große Rolle. Darin waren alle guten Wünsche eingebacken. An vielen Orten gingen die Kinder in aller Frühe leise von Haus zu Haus und überraschten mit einem »Prosit Neujahr« oder »Viel Glück zum Neuen Jahr!« War die Überraschung gelungen, erhielten sie eine Brezel. Sie bedankten sich mit einem Spruch, z.B. so: »Viel Glück, viel Heil, viel Segen, möge euch der Höchste geben!« Sie trugen einen Stock, auf dem sie Brezel für Brezel aufreihten und zuletzt stolz nach Hause trugen. Wo gute Nachbarschaft besteht oder noch Verwandte in der Nähe wohnen, macht dieser Kinderbrauch bestimmt auch heute noch Sinn und große Freude.
Ein bekannter Brauch war auch das *Neujahrsansingen*: man ging von Haus zu Haus und trug die Wünsche in einem Lied vor. Ein Lied *Das Alte ist vergangen* ist im Jahresbuch S. 100 zu finden, das leicht durch Vor- und Nachsingen zu erlernen ist. Nach einem Neujahrsgottesdienst kann es auch von einer Kindergruppe der Gemeinde zugesungen werden, die den letzten Vers: *Glück zu ...* als Antwortvers übernehmen kann.

Wie sonst im engeren Kreis Neujahr gefeiert werden kann, dazu sind Vorschläge im Jahresbuch zu finden. Die einzelnen Formen der vielfältigen Brotbilder und anderer Glückszeichen zu Neujahr sind vorgestellt mit Anleitungen, wie sie mit Kindern geformt und gebacken werden können. Dann macht das gemeinsame Neujahrsfrühstück oder Kaffeetrinken bestimmt doppelt Sinn und Freude.

Fest der Heiligen Drei Könige – 6. Januar

Einführung (Seite 104–108)

Einige Aspekte zu dem Fest:
Das Fest trägt ursprünglich den Namen *Epiphanie – Erscheinung des Herrn*. Dieses Wort entstammt der griechischen Sprache. Die Griechen glaubten an Götter, von denen sie annahmen, dass sie ihnen gelegentlich in Menschengestalt, als Lichtvision oder als Stimme erscheinen würden. Das nannten sie *Epiphanie*[7]. Die Christen haben die heidnische *Epiphanie* umgeformt in dem Sinne, dass für sie in dem Jesuskind ihr Gott Mensch geworden ist. Die Offenbarung der Göttlichkeit Jesu wird deutlich durch die Anbetung der Weisen aus dem Morgenland, dann später in der Taufe Jesu am Jordan.
Die Anbetung der Weisen feiern die Christen seit alters her am 6. Januar. Aus der Anzahl der drei Geschenke wurde geschlossen, dass es drei Weise waren und aus der Kostbarkeit der Geschenke, dass es Könige waren. So wurde das Fest vom Volk auch *Dreikönigsfest* genannt. Namen bekamen diese Könige erst im 9. Jahrhundert.
In der Reihe der weihnachtlichen Feste wurde dieses Fest der Huldigung der Weisen sehr beliebt. Sehr früh entstanden Dreikönigsspiele, weil die Menschen das Erzählte im Spiel durchleben und dem Geschehen ihren ganz persönlichen Ausdruck geben wollten. Auch die Kinder sind seit altersher bei solchen Spielen mit Begeisterung dabei.
Was teilt sich den Kindern in solchen Spielen auch noch mit? Da sind drei ganz gescheite Männer, Astrologen vielleicht. Und die haben einen unbekannten Stern entdeckt, der etwas gewaltig Neues anzukündigen scheint. Das bisher Gekannte, Gewohnte scheint Neuem Platz machen zu wollen. Sie sind überzeugt, es lohnt sich, sich auf den Weg zu machen und das Neue zu suchen. Der Weg dahin ist unbekannt, sehr lang, sehr strapaziös. Bestimmt kommen Zweifel auf. Aber der Stern leuchtet voran. Der Weg scheint richtig. Die klugen Männer öffnen ihr Herz für das, was sie erwarten könnte. Sie sind mutig und bleiben an der Sache dran. Sie sind Männer, die wahrscheinlich in ihrem Alltag nur mit anderen klugen Männern zu tun haben. Sie kennen bestimmt auch Fürsten und Könige, aber Hirten und Arbeiter wohl kaum. Und genau dahin bringt sie der Stern, nachdem der Besuch beim König Herodes ein gefährlicher Irrweg gewesen ist. Sie finden ein Kind, klein und unscheinbar. Sind sie enttäuscht? Nein, ihr Herz sagt ihnen: wir sind richtig. Wir sind am Ziel. Hier geschieht das Neue. Das Kind ist der Heiland, der alles neu machen will in der Welt, der die richtige Ordnung bringen will. Er ist der Stern in unserem Leben, der uns führen will.
Die drei Weisen sind für Kinder so auch Identifikationsfiguren: aufmerksam sein, eine neue Aufgabe kann auch mühsam sein; einen Stern suchen, der das eigene Leben hell macht, ist nicht immer einfach, manchmal werden Erwartungen ganz anders erfüllt; wie die drei Weisen dann nicht enttäuscht sein und murren, sondern schauen, ob das mühsam Gefundene nicht kostbarer ist als das Erwartete.

Dreikönigsspiel:

- Mit den Kindern die Erzählung spielen: die Kinder ihre persönliche Rolle auswählen lassen ...;
- ganz einfach aus bunten Umhängetüchern die Kostüme gestalten ...;
- aus rechteckigem Goldpapier die Krone schneiden und hinten zusammenkleben ...;
- dem König Herodes ein *böses Gesicht* schminken ...;
- einen großen Stern aus Karton ausschneiden, golden bemalen und an einem Stock befestigen ...;
- jemand liest die Erzählung aus dem Jahresbuch vor, gemäß dem Text agieren die Spieler und Spielerinnen ...;
- zum Abschluss singen die Kinder das Lied *Wir kommen daher* (JB Seite 107), 1. und 2. Strophe.

Das Kinderbild von den Heiligen Drei Königen (Seite 105)

Diese drei geheimnisvollen und märchenhaften Magier oder Könige zu malen, das fasziniert Kinder immer wieder. Hier ist das Beispiel eines siebenjährigen Mädchens zu betrachten: wie eilig die Könige sind, sie scheinen fast zu fliegen, wie das Sternenlicht sie einhüllt und führt, wie sie ihre kostbaren Geschenke *dem neugeborenen König* schon von weitem entgegenstrecken, der erste König im roten Gewand der Liebe, der zweite im grünen Gewand der Hoffnung und der dritte im blauen Gewand der Sehnsucht und Treue. Im Hintergrund die dunkle Nacht: denn noch ist alles ungewiss. Aber sie vertrauen dem Licht des Sterns.
Wenn die Kinder im Anschluss an die Erzählung selber Lust haben, die *Heiligen Drei Könige* zu malen (mit Finger- oder Wasserfarben), dann sollte hier das Bild erst danach betrachtet werden, um sie nicht in ihrer eigenen Fantasie zu beeinflussen.

Die Sternsinger kommen (Seite 107)
Lied: Wir kommen daher (Seite 107)

Aus dem 16. Jahrhundert ist der Brauch des Sternsingens bekannt, ein Brauch der heute sehr gepflegt wird. Kinder und Jugendliche ziehen von Haus zu Haus und singen von der Geburt des Jesuskindes und von den *Königen*, die in ihm den Heiland erkannten. Davon erzählt das Lied *Wir kommen daher* auf dieser Seite. Oft wird auch hierbei ein Text gesprochen wie das Gedicht *Die Sternsinger kommen* auf dieser Seite.
Wie in Bräuchen sehr oft, ist auch das Sternsingen ein Heischebrauch, ein Bitten um eine Gabe. Heute bitten die Kinder um Geld, das notleidenden Kindern in aller Welt zugute kommt. Gerne stecken sich die Sternsinger dabei auch eine kleine Süßigkeit für sich selber ein.

Maria Lichtmess – 2. Februar

Einführung (Seite 112)

Dieser Festtag hat seine Wurzeln in der biblischen Erzählung des Lukas (2, 25–32): Maria und Josef bringen das Jesuskind in den Tempel, »um es dem Herrn zu weihen«. Im Tempel hielt sich gerade ein alter frommer Mann auf, der Simeon hieß. Er nahm das Kind in seine Arme und »pries Gott mit den Worten: Nun lässt du, Herr, deinen Knecht, wie du gesagt hast, in Frieden scheiden. Denn meine Augen haben das Heil gesehen, das du vor allen Völkern bereitet hast, ein *Licht*, das die Heiden erleuchtet ...«

In der Mitte des 5. Jahrhunderts war das Fest schon als *Lichtfest* mit einer *Lichterprozession* bekannt. Jesus wurde gefeiert als das Licht, das die Welt erleuchtet. Um das Jahr 1000 entstand der Brauch, die Kerzen als Sinnbilder des Lichtes Jesu, der das Heil in die Welt bringt, feierlich zu weihen: die Kerzen also als Sinnbild dafür, dass Jesus den Menschen nahe sein will. Seit dieser Zeit nehmen die Menschen geweihte Kerzen mit nach Hause, um sie bei wichtigen Festen und in Notsituationen anzuzünden, damit ihnen das Licht Jesu leuchte.

Anregungen

Mit den Kindern können wir:

- Kerzen mit weihnachtlichen Motiven verzieren (Material: dünne, farbige Wachsplatten);
- eine größere Kerze mit dem Motiv der Krippe verzieren als Jesuskerze ...;
- einen Kreis bilden und die große Kerze in die Mitte stellen, die Kinder stellen ihre Kerze vor sich ...;
- nacheinander zünden die Kinder ihre Kerze an der Jesuskerze an, sprechen dabei: z.B.: »Jesus, ich danke für dein Licht«, oder »Ich will dein Licht weiterschenken«, oder die Kinder formulieren eigene Sätze. Danach schauen die Kinder ein paar Minuten schweigend dem Licht zu.
  Danach ziehen sie mit ihren Kerzen zur Krippe in der Kirche oder die Vorschulkinder auch durch die Kindertagesstätte und blasen die Kerzen dann aus als Zeichen: Jetzt ist die Weihnachtszeit endgültig zu Ende.
  Ein großes Sonnenbrot als Zeichen des wachsenden Lichtes wird unter die Kinder verteilt.

Fastenzeit

Von allem, das sich wandelt

Einführung

Ursprünglich ist Fastnacht wohl als ein heidnisches Fruchtbarkeitsfest gefeiert worden, das die Wachstumskräfte des Frühlings wecken und den Winter mit seinen dunklen Dämonen vertreiben sollte. Da haben die lärmenden Musikinstrumente, Masken und Kostüme ihren Ursprung. Schon aus dem 13. Jahrhundert gibt es Schilderungen über einen Karnevalskönig, der bis Aschermittwoch sein närrisches Regiment führte. Bevor die ernste Fastenzeit beginnt, stellen Jung und Alt die Welt buchstäblich auf den Kopf und spielen *Verkehrte Welt*: *Fastnacht* wird auch *Fasching* oder *Karneval* genannt. In manchen Gegenden fängt Karneval schon früher an, nämlich am 11.11., am Martinstag. Dieser Brauch erinnert daran, dass früher an Sankt Martin auf den Bauernhöfen mit Musik, Tanz und viel Schabernack das Ende der Arbeiten auf den Feldern gefeiert wurde, bevor die *adventliche* Fastenzeit begann. Nach der Weihnachtszeit begann dann die große Fastnacht. So ist es bis heute an vielen Orten geblieben.
Die Fastnacht ist eine Festzeit mit dem großen Reichtum an uralten Sinnbildern von Werden und Vergehen, Freude und Trauer, guten und bösen Kräften, in eine Rolle schlüpfen und Sich-Wandeln. Das mit aller Lust beim Schmücken, Singen, Tanzen, Essen und Trinken zu erleben und zu gestalten, das braucht der Mensch für sein seelisches Wachstum.
Von all dem wird den Kindern auf den Seiten 120–121 erzählt.

Kinderfastnacht (Seite 122–128)

Gestaltungsmöglichkeiten
Auf diesen Seiten sind viele Vorschläge gemacht.
Hierzu noch einige Ergänzungen:

- ein Kinderfest unter einem ganz bestimmten Motto feiern: *Wir machen eine Schifffahrt* (Kapitän, Steuermann, Matrosen, Koch, Schiffsarzt ...), *Im Zirkus* (Zirkusdirektor, Clown, Artisten, Tiere, Musikkapelle), *Schneewittchen und die sieben Zwerge* (Schneewittchen, Zwerge, böse Stiefmutter, Königssohn), *Spuk im Schloss* (gute und böse Hexen, Gespenster, Zauberer, gute Feen, die den Spuk auflösen ...), *Besuch von einem fremden Stern* (ganz unterschiedliche fremde Wesen, sprechen eine andere Sprache, sind neugierig, verhalten sich anders, wollen alles untersuchen ...);
- Modenschau: wer hat das originellste Kostüm?
- Fastnachtsreden halten mit lustigen Geschichten und schönen kindgemäßen Witzen;
- mit Kindergruppen von Haus zu Haus ziehen, Lieder singen (z.B. S. 126–128) und um Fastnachtsgaben bitten.

Aschermittwoch

Einführung (Seite 129)

Die Fastenzeit beginnt mit *dem Aschermittwoch*. Beeindruckend ist es immer wieder, wie mit einem Paukenschlag des letzten Fastnachtstrubels die Szene radikal wechselt: aller Lärm ist plötzlich verstummt, die tanzenden, springenden Gestalten stehen still, keine Luftschlangen wirbeln mehr durch die Luft, die Masken fallen ab, die fantastischen Kostüme bleiben nur noch Träume: Klaus ist kein Cowboy mehr und Vanessa keine Prinzessin. Alles Bunte wird grau: Aschermittwoch.
Das ist für Kinder nicht selbstverständlich. Es fällt ihnen oft schwer, das alles loszulassen. Da sind ihnen die Sinnbilder des Aschermittwoch gute Helfer, die sie mit hineinnehmen in den lebendigen Rhythmus des Lebens von Fülle und Leere, Freude und Trauer, Vergehen und Werden, Sterben und Leben, das große Thema bis Ostern: JB S.129–131.
Wie im Jahresbuch den Kindern erzählt, wurden an diesem Tag die Menschen, die eine große Schuld auf sich geladen hatten, im Gottesdienst mit Asche bestreut, aus der Kirche ausgewiesen, bis sie am Gründonnerstag nach verrichteter Buße feierlich wieder aufgenommen wurden. Asche ist hier das Sinnbild für Schmutziges, Böses, Wertloses, notwendige Reue und Buße. Dieses *Öffentlichmachen von Schuld* können wir heute nur noch aus dieser Zeit heraus verstehen und empfinden es auch als Verstoß gegen die Barmherzigkeit Gottes. So etwas gibt es natürlich heute nicht mehr. Es ist ein Beispiel dafür, dass Bräuche etwas Lebendiges sind und sich wandeln. Aber das Sinnbild Asche ist uns geblieben: Schuld und Bereuen, Trauer und Vergänglichkeit, Vergehen und Neu-Werden.
Heute verbrennt der Priester die Palmzweige des letzten Jahres und segnet die Asche. Er zeichnet mit dieser Asche als Zeichen der Vergänglichkeit ein Kreuz auf die Stirn der Gläubigen und spricht dabei: »Bedenke Mensch, dass du Staub bist und wieder zu Staub wirst.« Für Kinder, die erst ins Leben hineinwachsen, ist dieser Gedanke zunächst befremdlich. Deshalb ist es notwendig, sie mit dem Sinnbild Asche in der vollen Bedeutung vertraut zu machen.

Was die Asche Kindern erzählt (Seite 129)

Sinnbild: Sich wandeln
Wir häufen mit den Kindern Fastnachtsflitter auf und zünden damit ein kleines Feuer an. Wir lassen die Kinder schauen,
- wie die Gestalt sich verändert ...;
- wie die Farbe sich verändert: was vorher rot war, ist jetzt grau; was vorher gelb, grau ...;
- wie sich die Asche anfühlt ...;
- ein wenig Asche in die Luft blasen ...;

– wie jemand sich fühlt, wenn Asche auf seinen Kopf gestreut wird: schmutzig, traurig – er/sie möchte, dass es wieder fröhlich wird ...;
– einen leicht verschmutzten Holzteller wie früher mit Asche reinigen ... erfahren, dass Asche Schmutz wegnimmt und reinigt ...;
– in der Natur beobachten, wie abgefallene Blätter nicht mehr bunt sind und im Laufe der Zeit vermodern – mit der Asche vergleichen ...;
– die Fastnachtsasche mit Erde vermischen, die vermischte Ascheerde in die Hand nehmen, wie sie sich anfühlt, Kresse oder Grassamen hineinsäen und in den Wochen bis Ostern beobachten, wie Neues daraus hervorwächst.

Die Asche unserer Väter (Seite 131)

Mit älteren Kindern den Text betrachten:
– warum Indianer die Erde *heilig* und *geweihter* Boden nennen: alle verblühten Pflanzen, alle verstorbenen Tiere und Menschen sind in ihr geborgen und werden wieder zu Erde. So kostbar ist Erde ... mit den Kindern Gräber besuchen ...;

Die Erde ist unsere Mutter:
Sie lässt Nahrung für uns wachsen, Wasser entspringt in ihr zum Trinken, Erfrischen, auch Heilwasser ..., bunte Blumen sprießen aus ihr, gesunde Kräuter, Gemüse, Obst und Getreide ...;
– einen Kompost anlegen und das Jahr über beobachten ...;

Für Gott ist die Erde wertvoll:
Er hat sie geschaffen, wir Menschen sollen sie hüten ... Tun wir das? ... z.B. Müll ...;
– den Priester bitten, dass er im Kreis der Kinder die Palmzweige verbrennt und deren Asche mit der Fastnachtsasche vermischt und damit ein Kreuz des Segens auf ihre Stirn zeichnet und dabei spricht (vielleicht so): »Alles wandelt sich wie diese Asche, so sollst auch du dich stets wandeln und wachsen, und Gott möge dich dabei segnen.«

Zwei Geschichten

Der Vogel Phönix (Seite 130)

Diese Sage erzählt von einem Vogel, dessen Mythos dem Altertum entstammt. Die Ägypter sahen in ihm *eine geflügelte Sonnenscheibe*, Symbol des Sonnengottes. Das farbenreiche Schauspiel des Sonnenauf- und untergangs hat die Entstehungsgeschichte beeinflusst: Fühlt der Vogel sein Ende nahen (Tagesneige), fliegt er auf die höchste Palme, baut sich ein Nest aus Dufthölzern, entfacht mit mächtigem Flügelschlag ein Feuer und verbrennt darin mit vielfältigen Wohlgerüchen. Aus einem Verwesungswurm in der Asche entsteht er dann als der neue strahlende Vogel Phönix. (Sonnenaufgang – der neue Tag). Das Leben ist garantiert. In der altchristlichen Kultur wurde der Vogel Phönix zum Sinnbild Christi, der nicht vor der Glut des Leidens zurückschreckte und den Tod besiegte.
Motiv: Asche ist etwas Lebendiges. Der kleine Wurm, der ähnlich wie die Raupe beim Schmetterling (JB S. 165), sich zum neuen strahlenden Vogel verwandelt, zeigt: der Tod ist nicht endgültig, eine neue Lebensqualität entsteht.

Gestalten:
- Den Vogel Phönix mit Fingerfarben (damit die Kinder das prachtvolle Gefieder bis in die Fingerspitzen spüren) auf hellem Karton malen;
- ein Wollbild gestalten (Anleitung JB S. 131) oder eine Collage aus kleinen bunten Stoffresten oder ein transparentes Fensterbild aufkleben.

Aschenputtel

Das bekannte Märchen kann das Sinnbild Asche vertiefen, und nur hierauf beziehen sich die folgenden kurzen Hinweise:
Putteln heißt: im wertlosen Staub sitzen und darin herumstochern. Der Name *Aschenputtel* meint so alles, das keiner Beachtung wert ist. Das zeigt die Stiefmutter Aschenputtel, deren leibliche Mutter gestorben ist. Aber für Aschenputtel ist sie nicht tot. Sie ist ihr auf eine neue Weise nahe, besonders an ihrem Grab. Sie erfährt hier die Verbindung von Tod und Leben auf eine intensive Weise. Das Grab mit dem Haselnussbaum darauf wird Aschenputtels Lebenszentrum. Der auf dem Grab der Mutter wachsende Strauch wird ihr zum Zeichen, dass ihr die mütterlichen Kräfte nahe sind.
Als Aschenputtel die Linsen aus der Asche lesen und sortieren soll, konzentriert sie sich auf ihre inneren Kräfte. Sie ruft Tauben herbei., die früher als Vermittler zwischen Himmel und Erde galten. Die Taube war auch das Symboltier alter Fruchtbarkeitsgöttinnen. Aschenputtel fühlt, dass sie Leben entwickeln kann aus der Asche: »Die guten ins Töpfchen, die schlechten ins Kröpfchen«. Die Stiefmutter akzeptiert ihr gutes Ergebnis nicht: »Du bist und bleibst Aschenputtel, voll Staub und Schmutz!« Sie schüttet die nächsten Linsen in die Asche, um ihr den Lebenstanz mit dem Königssohn zu verhindern. Aber für Aschenputtel werden die Linsen zum Lebenssamen. Und Aschenputtel gewinnt. Aus den Aschelinsen wird neues Leben geweckt. Auf dem Grab der Mutter erhält sie zum Schluss das Sternenkleid der Himmelskönigin für ihren Hochzeitstanz.

Das Märchen erzählen
Spielimpulse:
- Die Kinder sich spielerisch äußern lassen: wie die Stiefmutter und Stiefschwestern mit Aschenputtel umgehen: einen grauen Kittel anziehen ... in der Asche schlafen, grau werden ...;
- schütteten ihm die Linsen in die Asche ...;
- das graue Aschenputtel vor den Linsen ... wie sie sich fühlt ...;
- der Vater bringt einen Haselnusszweig mit, den Aschenputtel auf das Grab der Mutter pflanzt ...;
- der König lädt zu einem Fest ein ... Aschenputtel darf nicht mit ... was die Stiefmutter sagt ...;
- die Stiefmutter schüttet Linsen in die Asche und was passiert ...;
- Aschenputtel ruft die Tauben, die ihr helfen ...;
- Aschenputtel auf dem Fest ...;
- Aschenputtel verliert ihren goldenen Schuh ... wie der Königssohn Aschenputtel findet –
- der Hochzeitstanz ... – wie Aschenputtel sich jetzt fühlt ...

Die Kinder äußern sich nach dem Spiel, was sie in ihrer jeweiligen Rolle erlebt haben.

Malen:
Mit Wachsmalkreide oder Wasserfarbe einzelne Motive des Märchens malen, z.B. Aschenputtel in der Asche ruft die Tauben oder: Aschenputtel unter dem Haselstrauch oder: Aschenputtel und der Königssohn. Die einzelnen Bilder lassen sich zu einem Leporello zusammenfügen.

Fastenzeit

Einführung (Seite 132)

Die meisten Religionen kennen Fastenzeiten, so wie z.B. auch die Muslime in unserem Land im Mond-Monat Ramadan von Sonnenauf- bis Sonnenuntergang fasten. Die Fastenzeit ist für die Christen die Vorbereitungszeit auf das Osterfest.

Seit dem Jahr 325 ist sie auf 40 Tage festgelegt. Die Zahl 40 ist eine biblische Tradition, die im Jahresbuch erläutert ist. Fasten bedeutet seit alters her den teilweisen oder völligen Verzicht auf Nahrung, um frei zu werden für neue innere Erfahrungen. Wir haben heute vielleicht einen anderen Zugang zum Thema Fasten als die Menschen vor uns: da ist der grenzenlose Überfluss einerseits, und da sind die sich häufenden Ernährungskrankheiten und Lebensmittel-Katastrophen andererseits, gepaart mit einer ständigen Reizüberflutung. Entspannungsangebote boomen, und Heilfasten ist kein Fremdwort mehr für uns. Unser Lebensrhythmus scheint durcheinander geraten. Da macht uns die Fastenzeit ein heilsames Angebot, diesen persönlichen Rhythmus wieder zu finden: Vom Zuviel zum Weniger, vom Belastenden zur Entlastung, von der Überspannung zur Entspannung, vom Lärm zur Stille, von der Fülle zur Leere, von der Verzweiflung zur Hoffnung, vom Streit zur Versöhnung. Schon Teresa von Avila, die berühmte Mystikerin gab uns im 16. Jahrhundert mit auf den Weg: »Tu deinem Leib etwas Gutes, damit deine Seele Lust hat darin zu wohnen.«

Nach alter kirchlicher Weisung wird den 21- bis 60-jährigen zur Vorbereitung auf das Ostergeschehen angeraten, sich nur einmal am Tag satt zu essen, sich insgesamt um Konsumverzicht zu bemühen, sich Stille-Zeiten zu gönnen. Fastenaktionen sollen zudem Zeichen der Solidarität mit Notleidenden auf der ganzen Welt setzen. Aschermittwoch und Karfreitag sind strenge Fastentage.

Kinder waren immer vom Fasten ausgenommen. Aber wir sollten ihnen heute bei Konsumüberforderung und Reizüberflutung positive, kindgemäße Erfahrungen des Enthaltens ermöglichen. Dazu bietet das Jahresbuch einige kindgemäße Themen an: S. 133ff

Zu den Geschichten

Die Geschichte vom Wunsch aller Wünsche (Seite 133)

Leitmotiv: »Alles kriegen ist unausstehlich«.

Bevor das Gedicht von Michael Ende vorgelesen wird, können Kinder und Erwachsene drei ganz persönliche Wünsche nennen (oder auch malen) und darüber sprechen. Das Gedicht vorlesen, sich dazu äußern und mit den eigenen Wünschen vergleichen.

Eine Wünsche-Collage erstellen (*in der Familie gemeinsam, in der Schule als Gruppengestaltung mit Kindern*): aus Zeitungen, Prospekten und Illustrierten Wunschobjekten ausschneiden und auf ein großes Plakat kleben, passende Überschriften oder Einfälle oder auch Anfragen der Kinder dazuschreiben. Während der Arbeit werden die Kinder schon vieles kommentieren, das in eine abschließende Betrachtung münden kann.

Die Geschichte vom Hamster (Seite 135)
Reich und doch bettelarm (Seite 135)

Leitmotiv: *Pfennige der Liebe ansparen*
Die Geschichte von Ursula Wölfel macht viel Freude zum Spielen für alle Altersstufen. Kleine Plastikbälle ersetzen die Körner. Aber wie ist nun dem Hamster zu helfen? Da wird es spannend. Wie ist es bei uns ... woran ersticken wir: z.B. Spielzeug, CDs, Fernsehen? Wie befreien wir uns?

Einen Wasserbüffel erlaufen (Seite 136)

Leitmotiv: *Miteinander teilen macht Spaß*
Die Beschreibung der *Büffelaktion* reizt wahrscheinlich zur Nachahmung. Teilen kann bedeuten, das Taschengeld teilen, bei anderen um Geld für eine Aktion bitten usw. Schulkinder sind in dem Alter mit ganzem Herzen dabei, »Pfennige der Liebe« zu erbitten und selber vom Taschengeld zu geben. Möglichkeiten für eine ähnliche Aktion bieten Notsituationen im lokalen Umfeld oder öffentliche Hilfsaktionen. Hier sollten Kinder mit Erwachsenen zusammenarbeiten.

Auf andere zugehen (Seite 137)

Leitmotiv: *Auf andere zugehen lohnt sich*
Eine alltägliche Situation, wie sie hier geschildert ist, wird gerne nachgespielt. Es gibt den Kindern die Möglichkeit, eigene Gefühle äußern und verarbeiten zu können. Die Erfahrung, dass die Bemühung um einen guten Ausgang sich lohnt und für beide befreiend ist, ist wichtig. Schulkinder schreiben gerne selber eine eigene Geschichte.

Verzeiht und Die ersten Erdbeeren (Seite 138)

Leitmotiv: *Verzeihen und Versöhnen ist wie süße Erdbeeren essen*
Die erste Geschichte erzählt von Verdächtigen und Verzeihen, den Kindern vertraute Verhaltensweisen. Dass sich hier eine Frau dem Verdacht aussetzt im Tun für Kinder, bringt eine anrührende Komponente hinein und wird das Gespräch intensivieren. Vielleicht wird dabei der eine oder die andere sich von der Fürsorge für andere anstecken lassen.
Wenn ein Streit riesengroß wird, wie in der zweiten Geschichte, dann muss schon sehr viel Sonnenschein in ein Herz fallen, damit das Eis darin schmilzt und entdeckt wird, dass es doch lohnt nachzudenken und die guten Seiten zu erinnern. Dann können die roten Erdbeeren der Versöhnung wundervoll schmecken.

Ein Baum voller Vögel (Seite 139)

Leitmotiv: *Einfach einmal still sein*
Ob Kindergarten, Schule oder Familie: es tut den Kindern gut, immer wieder einmal zur Ruhe zu kommen. Die Erzählung zeigt, wie es auf fröhliche Weise geschehen kann.
Diese Stilleübung kann erweitert werden z.B.:

– den Atem spüren, wie er kommt und geht ...;
– in ein Kerzenlicht schauen ...;
– auf den Regen lauschen ...;
– still sitzen und an Menschen denken, die man lieb hat ...

Ein Fastenkalender (Seite 140)

Ähnlich wie die Adventszeit sollten wir auch für Kinder die Fastenzeit durch einen Kalender strukturieren. So bekommt sie bei den Kindern eine konkrete Zeitgestalt. Meist wissen sie gar nicht, wie lange sie überhaupt dauert. Auf Seite 140 ist eine Wocheneinteilung in Form einer Blume vorgeschlagen. Wir könnten auch einen fortlaufenden Kalender gestalten: Aschermittwoch – 1. Fastensonntag – 2. Fastensonntag – 3. Fastensonntag – 4. Fastensonntag oder Freudensonntag – Fest Maria Verkündigung – Passionssonntag – Palmsonntag – Ostern. Das Wegmotiv bietet sich hierbei wieder an mit Motiven aus den Fastengeschichten.

Mittfasten – Winteraustreiben – Frühlingsbeginn (Seite 141)
Lied: Oh, wir schauen schon hinein (Seite 142)
Frühling (Seite 144)

Der Frühlingsbeginn am 21. März ist nicht zu übersehen. Die Natur hat sich ein zartes grünes Kleid übergezogen. Wir sind Ostern ein Stück näher gerückt. Der 4. Fastensonntag trägt den schönen Namen: *Laetare*, das heißt: Freue dich! Diese Freude bringt das Lied: *Oh, wir schauen schon hinein* zum Ausdruck. Damit wir nun nicht meinen, Ostern wäre schon in den allernächsten Tagen da, schließt das Lied: Nun ist alles wieder still, weil die Erde warten will. Das bedeutet: die Fastenzeit ist noch nicht zu Ende, nicht nur die Erde will sich weiter vorbereiten.

Gestaltungsmöglichkeiten
- Spiel: Winteraustreiben: wie es die Menschen früherer Zeiten schon gemacht haben. Es ist im Jahresbuch beschrieben. Der *Frühling*, der gewonnen hat, schenkt mit seinem Gefolge allen Teilnehmerinnen und Teilnehmern kleine grüne Zweige und wünscht eine schöne Frühlingszeit. Dazu kann das Gedicht *Frühling* vorgetragen werden. Anschließend werden die von Eltern gebackenen Sonnenrad-Brote miteinander gegessen;
- einen Spaziergang machen, um die Natur genau zu beobachten: die Gärten, Sträucher, die Bäume, die verschiedenen Grün-Töne. Es ist eindrucksvoll, den gleichen Spaziergang zum Sommer-, Herbst- und Winteranfang zu machen, um zu vergleichen und zu erfahren, wie die Natur sich wandelt;
- die verschiedenen Grüntöne in der Natur malen oder verschiedene *grünfarbige* Zweige in eine Vase stellen;
- ein Frühlingsgärtlein pflanzen;
- Gebildbrot: gemeinsam ein Sonnenrad-Brot backen und auch überlegen, wem mit einem solchen Frühlingsbrot eine Freude gemacht werden kann.

Tag des heiligen Joseph (Seite 143)

Die Bibel verrät nicht allzu viel über Joseph, den Mann Marias. Deshalb sind die Spekulationen über ihn umso üppiger. Schon seit dem 3. Jahrhundert fanden sie ihren Niederschlag in Gemälden, Buchillustrationen und Krippendarstellungen.
Sein Namenstag wurde auf den 19. März gelegt, vielleicht weil an diesem Tag im alten Rom der Tag der Göttin Minerva gefeiert wurde, die als Göttin der Handwerker galt.

Viele Kirchen sind nach dem hl. Joseph benannt und er wird u.a. als Patron der Handwerker und Arbeiter in der katholischen Kirche verehrt.

Der Text soll den Kindern Joseph näher bringen.

Vertiefung zum Text
- Überlegen, was Jesus wohl von seinem Vater gelernt hat (wie ein Zimmermann arbeitet, wie Joseph sich Gott vorstellt – vielleicht so:

der da ist für den Menschen, ihm nahe ist ...);
- malen, wie Kinder sich Joseph vorstellen ...;
- wenn vorhanden, mit Darstellungen aus der Kunst vergleichen
- wie Jesus seinem Vater hilft

Gott, unser Vater (Seite 143)

Dieses Gebet nimmt den *abba*/Vater-Gedanken auf und bringt ihn zum Abschluss des Joseph-Tages ins Gebet.

Fest Maria Verkündigung

Eine wichtige Botschaft für Maria

Einführung (Seite 146)

Es wird Frühling. Ganz still und unsichtbar hat sich in der Natur neues Leben entwickelt: ein tiefes Sinnbild für das Fest am 25. März: *Maria Verkündigung*. Es hat seinen Sinnhintergrund in einem Text des biblischen Schriftstellers Lukas. Im Jahresbuch ist dieser Text für Kinder nacherzählt: Wir hören von der jungen Israelitin mit Namen Maria, die mit dem Zimmermann Josef verlobt ist. Es sind einfache Verhältnisse, in die Gewaltiges einbricht. Maria erscheint der Engel Gabriel. Sein Name bedeutet: Gott ist stark. Er kündigt Maria an, dass sie Mutter eines besonderen Kindes werden soll: »Sohn Gottes wird es genannt werden.« Marias Erschrecken ist gewaltig. Der Engel muss sie beruhigen.

Unverheiratet schwanger werden bedeutete in ihrem Kulturkreis, dass ihr Verlobter sich von ihr trennen und ihr dann nach dem Gesetz sogar eine Steinigung drohen konnte. Trotz des Erschreckens bleibt Maria aufmerksam und verschließt sich nicht der Stimme Gottes in ihr. Sie erscheint dabei nicht als eine Frau, die einfach alles über sich ergehen lässt, sondern sie tritt mit dem Engel Gabriel in einen Dialog ein. Sie stellt Fragen. Maria zeigt uns, dass niemand einfach Ja zu allem sagen muss, was auf ihn zukommt, sondern dass er sein Schicksal befragen und dann entscheiden kann. Maria lässt zuletzt Fragen und Zweifel hinter sich und vertraut sich ganz Gott an: »Mir geschehe nach deinem Wort.« Ihre innere Schau befähigt sie, in ihrem Leben aktiv zu werden. Sie hat ihre Lebensaufgabe gefunden.

In der Nacherzählung für die Kinder ist das Wort *Jungfrau* weggelassen, um keine Verwirrung zu schaffen. Aber es ist vielleicht für den Erwachsenen hilfreich zu wissen, dass in einigen alten mythischen Geschichten auch von Jungfrauengeburten erzählt wird und zwar immer dann, wenn die auf diese Weise geborenen Kinder aus dem normalen Menschlichen herausgehoben und als göttliche Heilsbringer oder Retter bestätigt werden sollen.

Das Ziel der Bibel war es immer wieder, religiöse Wahrheiten, die anders nicht zu sagen waren, in tiefen Sinnbildern auszudrücken. So kommt hier in der Erzählung von der Verkündigung zum Ausdruck, dass durch Gott selbst

Jesus, der *neue Mensch* ins Spiel gebracht wird. Es beginnt etwas völlig Neues, die Menschen Befreiendes von Gott her.

Vertiefung des Textes
In der Nacherzählung ist der Versuch gemacht, diesen für Kinder schwierigen Bibeltext innerhalb seiner Bildsprache kindgemäß zu erschließen. Er sollte für Kinder nach dem Hören malend vertieft werden:

Vorbereitende Imaginationsübung
- Die Kinder sitzen still und schließen die Augen;
  Impulse: wie ich mir den Engel vorstelle ...; wie ich mir Maria vorstelle ... wie sie miteinander sprechen ...;
- die Kinder können die Szene dann malen oder auch als Fensterbild gestalten und zu ihren Bildern erzählen.

Die große Woche oder auch Karwoche

Vorbemerkung

Die Fastenzeit mündet in die Karwoche ein, die letzte Woche vor Ostern, in der die Christen das Gedächtnis an die Passion Jesu feiern. Für Kinder ist der österliche Ausblick wichtig: »Nach der Leidenswoche feiern wir das strahlende Osterfest, Jesus ist nicht im Tod geblieben«. Kinder, die in Familie, Kindergarten und Schule bereits von Jesus gehört haben, fühlen sich ihm emotional stark verbunden. Deshalb gilt es unbedingt zu beachten, dass die Leidensgeschichte mit der Hinrichtung Jesu am Kreuz sensible Kinder – je jünger umso intensiver – zutiefst erschüttern und in ihnen Angst und Schrecken auslösen können. Unsere Fernsehkinder wissen nämlich heute genau, was Folter und Hinrichtung bedeuten.
Wir haben z.B. bei unserem damals achtjährigen Sohn erlebt, wie er in einem dramatisch gestalteten Karfreitagsgottesdienst weinend aus der Kirche lief und seitdem nie mehr bereit war, in der Karwoche an einem Gottesdienst teilzunehmen.

Palmsonntag (Seite147)

Palmen wurden im Altertum als heilige Bäume verehrt. Ihre Zweige waren Siegeszeichen für den siegreichen Herrscher. Die biblischen Schriftsteller Lukas (19,28–40) und Johannes (12,12–19) erzählen, wie die Menschen mit solchen Palmzweigen in den Händen Jesus entgegenliefen und ihn als ihren König feiern wollten, siehe auch *Christkönigsfest*, AH Seite 140.
Seit dem 8. Jahrhundert haben die Christen dieses Geschehen in einer Prozession dargestellt. Daher stammt der Brauch des Palmsonntags. Davon und wie die Menschen das alles fantasievoll gestaltet haben, wird den Kindern hier erzählt. Es ist ein fröhlicher Sonntag.
Wer mit Kindern *Palmbuschen* basteln möchte, findet im JB S. 148 die Anleitung dazu.

Jesus zieht in Jerusalem ein (Seite 149)

Das Lied lässt sich gut spielen:
Die jüngeren Kinder singen nur den Vers: *Hosianna, Hosianna in der Höh.*
Grundschulkinder können die Rollen verteilen: Ein Kind stellt Jesus dar, die übrigen Kinder die Leute aus Jerusalem, die anfangen zu laufen und zu schreien ... die Zweige auf den Weg legen ..., die Kleider vor Jesus ausbreiten ...
Schulkinder können gruppenweise die Hosianarufe abwechselnd singen: I– II–I+II.
Sie können dabei in die Hände klatschen oder eine Triangel schlagen.
Dieses Spiellied kann auch in einen Kinder- oder Familiengottesdienst eingebracht werden.

Zu den Geschichten

Palmsonntagssegen Palmsonntag (Seite 150)

Die erste Geschichte erzählt von einem Brauch, der in einzelnen ländlichen Gegenden auch heute noch gilt: geweihte Palmzweige, die bei uns meist Buchszweige sind, in die Erde zu stecken. Heute, in einer Zeit des doch teilweise lebensverachtenden Kommerzes rührt die Erzählung zunächst, um dann Reaktionen auszulösen: Wie wäre es, wenn wir die Bräuche wieder ernst nehmen und Palmzweige in die Erde, in die Ställe bringen und um Gottes Segen bitten würden wie der Bauer und seine Tochter. Das würde vielleicht unsere eingeschlafene Umwelt-Verantwortung und die Achtung der Tiere wieder wecken. Der Text nimmt in seinem Brauchtum den Aufruf des Indianers von S. 131 wieder auf: *Diese Erde ist Gott wertvoll, sie verletzen heißt, ihren Schöpfer verachten.*

- Mit den Kindern ein Gespräch führen;
- überlegen, wohin wir kleine Palmzweige stecken oder bringen können: in den Garten, in Blumenkästen, in die Felder und Ställe eines Bauern, den die Familien kennen;
- die geweihten Palmzweige zusammen mit Zweigen von Haselstrauch, Forsythien, und Weidenkätzchen in warmes Wasser stellen und am Karsamstag mit roten Eiern zu einem leuchtenden Osterstrauß schmücken.

Anschließend wird ein Brauch vorgestellt, der besonderen Spaß macht und zur Nachahmung empfohlen wird.

Das Palmsonntagsmärchen (Seite 150–154)

Dieses Märchen bringt in der Gestalt des Igels auch die Sehnsucht der Kinder zum Ausdruck, bei Jesu Einzug in Jerusalem gerne dabei gewesen zu sein. Der Igel erfährt in einem herzerfrischenden Gespräch mit einer Weide vom Brauch der Palmsonntagsprozession und macht sich zuletzt auf den Weg, um auf diese Weise den Einzug des Heilands mitzuerleben. Eine Erzählung für Kindergarten und Grundschule zur Vorbereitung auf den Palmsonntag.
In der Familie kann sie am Palmsonntag selbst, vielleicht am Abend zum Abschluss des Festtages vorgelesen werden.

Gründonnerstag (Seite 155–159)

Dieser Tag erinnert an das feierliche Mahl, das Jesus mit seinen ihm vertrautesten Menschen gehalten hat, bevor er verraten wurde und sein Leidensweg begann. Jesus hat wohl das herannahende Unheil gespürt, dass nämlich seine Gegner, die in ihm einen Aufrührer sahen, ihn beseitigen wollten. Deshalb wollte er auf ganz besondere Weise Abschied nehmen.
Es war am Tag des alten jüdischen Befreiungsfestes, das zur Erinnerung an die Befreiung aus ägyptischer Gefangenschaft festlich gefeiert wurde. Dann aber geschah für die Festteilnehmer wohl etwas Unerwartetes: Jesus wurde ernst und feierlich. Er nahm Brot, dankte Gott dafür, brach es in Stücke und teilte es an alle aus. Er nahm auch einen Becher mit Wein, dankte Gott wieder dafür und ließ alle daraus trinken. Er sagte ihnen dabei, dass er auf diese Weise immer mit ihnen verbunden bleibe. Diese, seine Gegenwart verbindet er so mit einer Zeichenhandlung. »Er macht das Gemeinschaftszeichen des Mahles, das Gemeinschaftszeichen jüdischen Lebensbrotes und des Segensbechers ganz ausdrücklich zum Zeichen seiner selbst, seiner inneren Zuneigung und Nähe.«
Die Segensworte Leib und Blut im biblischen Text meinen nach aramäischem Sprachgebrauch (der Muttersprache Jesu): »Das bin ich ..., geht ein in die Gemeinschaft mit mir ... Ich gebe mein Leben für euch ..., habt Gemeinschaft mit meiner Liebe ... Leib und Blut sind Ausdrücke, die den ganzen Menschen meinen.« (beide Zitate 8)
Jesus forderte seine Gäste auf: »Esst das Brot und trinkt den Wein immer wieder zu meinem Gedächtnis. Dann bin ich bei euch«.
Aus diesem Geschehen ist bei den Christen das Abendmahl bzw. die Eucharistiefeier entstanden.
Aber viele Menschen verstehen gar nicht, was sie da feiern, und Kindern ist oft alles zu unverständlich und sprachlich fremd.
Wieder ist es die Sprache der Sinnbilder, hier von Brot und Wein, die das Geschenk des *Letzten Abendmahles* erschließen helfen.

Sinnbild Brot:
»Vom Korn zum Brot, das ist ein ständiger Prozess des Loslassens, Sich-Veränderns und Sterbens, damit Neues entstehen kann. Kennen wir das nicht auch in unserem Leben: die Dunkelheit und Enge, werden wir nicht auch oft zerrieben wie die Körner, müssen wir in unserem Leben etwas loslassen, damit Neues entstehen kann?
Aber das Befreiende und Beglückende an der Brotgeschichte ist doch die Mitteilung, dass jeder Wandlungsprozess sich lohnt, um zu einer neuen Lebensqualität zu gelangen, auch um nährendes Brot für andere zu werden. Brot will gebrochen und miteinander geteilt werden. Brot teilen, das schafft Beziehung und bringt das Miteinander-Teilen des Lebens zum Ausdruck.« [9]

Sinnbild Wein:
»Wie das Brot galt der Wein schon in alter Zeit als göttliche Gabe. Er war ein Sinnbild für Jugend, Lebensfreude und Unsterblichkeit. Der Wein ist die Frucht des Weinstocks und der Mühe der Winzer. Die Winzer haben keine leichte Arbeit. Fast das ganze Jahr haben sie zu tun ... Winzer sagen, dass sie bei ihrer Arbeit mindestens 17-mal im Jahr um einen Weinstock herumgehen ... Nach der Traubenlese geht für sie die Arbeit im Winzerkeller weiter: die Trauben pressen, keltern, den Saft in Fässer füllen zum Gären, die Gärung beobachten – viel ist zu tun, bis sie den Wein in Flaschen füllen können. So erzählt auch der Wein davon, wie sich im

Leben alles wandelt: hier die Trauben, die nach der Lese zusammengeschüttet und, teilweise schon zerdrückt, auf dem Winzerhof in der Kelter gepresst, als Saft heraussprudeln wie aus einem Saftbrunnen. Aus ihm wird dann durch den Gärungsprozess, durch den weiteren Prozess des Sich-Verwandelns der köstliche Wein.« [9]
Aus den biblischen Erzählungen wissen wir, wie gerne Jesus immer wieder mit den unterschiedlichsten Menschen zum Essen und Trinken zusammensaß. Brot und Wein waren die Grundelemente eines jeden besonderen Essens. Für die Menschen waren sie Symbole *der Fülle und des Segens Gottes.* Die Menschen empfanden solche gemeinsamen Essen, bei denen sie Gott ausdrücklich dankten, als Angenommensein, Dazugehören, Miteinander-Teilen und enge Freundschaft. Eine solche Tischgemeinschaft war für sie so *ein Symbol der Gemeinschaft mit Gott.*
Jesus wählte nun genau innerhalb des Abendmahls die den Menschen vertrauten *Sinnbilder Brot und Wein*, die in ihrem Prozess des Sich-Verwandelns, des Zerriebenwerdens, des Neuwerdens, der erlangten neuen Lebensqualität Hoffnung bedeuten, zum Zeichen seiner Liebe und Hingabe für die Menschen.

Vor dem Sprechen muss auch heute die Erfahrung stehen. Sonst bleibt der biblische Text des Abendmahlberichts den Kindern fremd, und es kommt zu kindlichen Äußerungen wie: »Konnte der Jesus zaubern?« oder: »Hat sich der Jesus in der Hostie versteckt?«
Im Jahresbrauchtum spielt das Brot als Ursymbol des Lebens eine ganz wichtige Rolle. Nicht zuletzt am Gründonnerstag wird deutlich, warum. Deshalb genügt es nicht, dieses Sinnbild erst zur Vorbereitung auf die Erstkommunion einzuplanen. Es muss ein ganzes Kinderleben lang innerhalb der Jahresfeste immer wieder aufscheinen, um in der Seele lebendig zu werden. Das machen die Brotbilder auf besondere Weise deutlich.

Gründonnerstag (Seite 155)

Dieser Text versucht eine kindgemäße Nacherzählung des Bibeltextes. Aufgrund von bisherigen Broterfahrungen im Jahr bei Advent, Weihnachten und Fastenzeit sind die Worte Jesu für die Kinder – je jünger umso wichtiger – zentriert auf die Zusage seiner Nähe im Brotessen. Den Kindern sollte Raum gegeben werden, mit ihrem Glauben wachsen zu können: nicht alles muss auf einmal gewusst werden. Es darf sich entwickeln, um in der Dimension des persönlichen Glaubens tragend werden zu können.

Erfahrungen in der Familie:
- vom Korn zum Brot: ein Weizenfeld beobachten oder: in eine Schale Weizenkörner säen, die Erde feucht halten und das Wachsen beobachten;
- ein Brot backen (Rezept JB S. 54)
- probieren, wie gut Brot schmeckt: rund um den Tisch sitzen, von einem frisch gebackenen Brot ein Stück abbrechen und zunächst still in der Hand halten: wie es sich anfühlt, wie es riecht ..., das Stück in den Mund nehmen und gut und langsam kauen ..., wie es schmeckt ...; fühlen, wie es durch die Speiseröhre langsam in den Magen wandert;
- einen Tag fasten und abends genießen, wie gut dann das Brot schmeckt, ohne es mit Aufschnitt zu belegen;
- auf den Tisch eine Schale mit weißen und blauen Trauben stellen. Reihum nimmt sich jede und jeder eine Traube in die Hand, hält sie gegen das Licht, fühlt die glatte Schale, steckt sie in den Mund zerbeißt sie langsam, um ihren Geschmack zu kosten;

- Saft aus Trauben pressen: die Trauben erhitzen und in ein Tuch geben. Mit den Händen ganz vorsichtig zerdrücken, sodass der Saft heraus läuft (Achtung, die Trauben sind heiß). Die Trauben im Tuch anschauen. Sie haben ihre Gestalt verändert und sind ganz zerdrückt und unansehnlich geworden. Aber sie sind verwandelt und haben uns den wunderschönen Saft geschenkt. Alle dürfen sich ein Glas mit Saft füllen und ihn probieren;
- beim Abendbrot den Tisch schmücken, in die Mitte ein Brot legen und daneben einen Krug mit Saft stellen. Sätze des Dankens überlegen. Dann einen guten Appetit!

Zu den Geschichten

Samuel erlebt ein Passah-Fest (Seite 156)

Diese Geschichte erzählt den Kindern vom alten jüdischen Passahfest, das Jesus ja mit seinen Freundinnen und Freunden feierte.

Lebendiger Gründonnerstag (Seite 156)
Gründonnerstag (Seite 158)
Von den Glocken, die fliegen können (Seite 159)
Gründonnerstag und das Liebesessen (Seite 159)

Diese Erzählungen machen mit dem Brauchtum des Gründonnerstag vertraut:
- Die Herkunft des Namens;
- warum die Glocken und die Orgel verstummen;
- warum an Gründonnerstag ein »Liebesessen« stattfindet.

Jesus machte seinen Freunden auch seine Liebe und Fürsorge dadurch deutlich, dass er ihnen vor dem Festmahl die schmutzigen Füße wusch, was sonst die Diener machten. Der Herr als Knecht, nicht herrschen sondern dienen! Seit Mitte der 50er-Jahre wird dieser vergessene Brauch im Gottesdienst wieder gepflegt.

Ritual Fußwaschung:
- Wie das ist, jemand die Füße zu waschen (schmutzige Füße, schwitzige ...);
- in der Familie sich gegenseitig die Füße waschen, abtrocknen liebevoll massieren und eincremen ...;
- sich darüber unterhalten, ob es angenehm war, was besonders gut getan hat, warum das auch »Liebesdienst« genannt wird ...;
- wenn ein Baby in der Familie ist, zuschauen, wie ein Baby das genießt.

Es wird in dem Text Seite 159 auch erzählt von einem besonderen Essen am Abend nach der Gründonnerstagfeier. Er könnte dazu anregen, nach dem Gottesdienst in der Gemeinde zusammenzubleiben oder sich mit befreundeten Familien zu treffen, um miteinander Brot, Käse, Wein und Saft zu essen und zu trinken.

Karfreitag (Seite 160)

Karfreitag gedenkt in besonderer Weise des Todes Jesu durch die Kreuzigung. Die Vorsilbe *Kar* deutet den Tag als Klage- und Trauerfreitag. Für die evangelischen Christen ist er der höchste Feiertag und steht ganz im Zeichen der Trauer. Vielerorts werden musikalische Passionswerke aufgeführt. In der katholischen Kirche steht die Verehrung des Kreuzes im Mittelpunkt, eine Feier während der angenommenen Todesstunde Jesu.
Für die Kinder sind die Texte im Jahresbuch aus den schon angesprochenen Gründen bewusst zurückhaltend formuliert. Denn wir müssen uns die Frage stellen: Wie wird sich das Bild des Gekreuzigten der Seele eines Kindes einprägen? Wir sollten immer ein österliches Bild daneben setzen. Das qualvolle Ende war nicht das Letzte sondern die österliche Auferweckung. Kinder müssen Jesus erfahren als den, der ihnen nachösterlich nahe bleibt in frohen und schlimmen Erlebnissen und Erfahrungen.

Kreuzgeschichten – Bildnerische Gestaltung (Seite 161)

Im Jahresbuch sind Möglichkeiten aufgezeigt, wie dieser Tag kindgemäß gestaltet werden kann. Wichtig ist dabei: Neben den Bildern der Trauerbewältigung sollten unbedingt österliche Symbole gestaltet werden, die zeigen: wir können Ostern schon spüren.
Für Vorschulkinder eignet sich vor allem das blühende Primelkreuz.

Das seltsame Kreuz (Seite 163–164)

Die Erzählung von Anatole France macht auf anschauliche Weise deutlich, dass Jesus mit einem Schmuck-Kreuzesbalken nichts anfangen und sich über die Menschen nur wundern kann und wie sie eines besseren belehrt werden. Diese Erzählung eignet sich zum Vorlesen in der Familie am Karfreitag.

Karsamstag (Seite 164)

Karsamstag erinnert an die Grabesruhe Jesu. Viele Menschen gehen heute in die Kirche und beten dort am Kreuz, das mit Blumen geschmückt ist.
Wir nähern uns mit den Kindern dem Ostergeheimnis auf vielfältige Weise, wobei das Symbolbild der Wandlung den Kindern die Auferweckung Jesu als Wandlung in eine neue Lebensqualität erschließen hilft. So sollte an diesem Tag Zeit zum Gestalten bleiben.

Zu den Geschichten

Von der Verwandlung des Tagpfauenauges (Seite 165)
Die Tulpe (Seite 165)
Vom Eiwunder (Seite 166)
Das Ostergeheimnis (Seite 168–169)

Es sind Wandlungsgeschichten, Symbolbilder für das nahende österliche Geschehen, die gerade für Kinder in Bildern ausdrücken, was sonst so nicht zu sagen ist:

- Wie aus einer Zwiebel in dunkler Erde eine Tulpe ins Licht emporwächst;
- wie aus einer Raupe ein Schmetterling wird (in der alten christlichen Kunst findet sich der Schmetterling gerne als Auferstehungssymbol auf Grabsteinen);
- wie aus Eigelb und Eiweiß etwas Neues entstanden ist, ein Küken;
- wie Vergehen Verzeihen erfährt;
- wie Verzeihen Freude schenkt.

Der Karsamstag ist der Vorbereitungstag auf das Osterfest (S. 166–171).

Im Jahresbuch sind Bedeutung und Gestaltungsmöglichkeiten ausführlich beschrieben.

– Schmücken: des Familiengrabes mit Frühlingsblumen;
– Backen: Osternester und Osterbrot; Osterlamm;
– Gestalten: Eierfärben; Gestalten des Osterkorbes (Die Speisenweihe); Osterkerze; Osterbaum; Binden kleiner Blumensträuße für den Ostertisch; Osterlamm; Lebendiges Osternest; Die Speisenweihe.

Ich möchte hier noch auf eine *Ostergeschichte* hinweisen, in der das alte christliche Symbol Osterei in einer wundervollen Erzählung erschlossen wird:

Pedro. Eine Ostergeschichte, erzählt von Max Bolliger, nach einer Geschichte von C. Houselander, mit Bildern von T. de Paola, Patmos Verlag, Düsseldorf, 1991

Als Bilderbuch für jüngere Kinder. Als Erzählung für alle Alterstufen der Grundschule, die von den Kindern selbst illustriert werden kann.

Bastelanleitung: Lamm

Material: 1 weißen und 1 schwarzen Pfeifenputzer
Watte- oder Styroporkugeln
(1 Große (Bauch) / 1 Mittelgroße (Kopf) / 1 kleine (Schnauze)
1 kleines Stück rosa Filz, Filzstifte, Schere, Watte, Kleber.

1) Mit einem kleinen Stück Pfeifenputzer „Kopf" und „Bauch" verbinden.
(Vorher Löcher in Kugeln bohren und Kleber hineinträufeln.)
2) An der Unterseite des Bauches 4 gleichlange, weiße Stücke Pfeifenputzer als Beine befestigen.
Aus schwarzen Pfeifenputzerstücken Füßchen um Beinenden wickeln und festkleben.
3.) Ohren aus Pfeifenputzerstück formen und am Kopf befestigen.
Schwanz ebenso herstellen und am Körper befestigen.
4) Die kleinste Kugel halbieren und an den Kopf kleben.
Dreieck aus rosa Filz als Nase ausschneiden und aufkleben.
Augen und Mäulchen aufmalen.
5.) Nun noch Watte auf Körper und Kopf kleben, fertig!

Ostern

Die ganze Welt jetzt fröhlich ist

Ostern

In der Grundschule ist sowohl in der Karwoche als auch in der Woche nach Ostern schulfrei. Im Kindergarten und Hort ist die Situation ähnlich, sodass in den Einrichtungen wahrscheinlich die Thematik der Karwoche wie auch die Vorbereitung auf das Osterfest vor den Ferien und die biblischen Auferweckungsgeschichten nach den Ferien thematisiert werden, aber überall in den Familien gefeiert werden.

Einführung (Seite 175)

Die Freude, dass der Tod nicht das letzte Wort hat, die Ostervision, dass Jesus der Garant für diese Zuversicht ist, das ist der Grund für die Christen, Auferstehung zu feiern. Von den biblischen Ostererzählungen ist wohl die am eindrucksvollsten, die von der Begegnung Maria Magdalenas mit Jesus erzählt. Vielleicht ist es bisher vielen Menschen gar nicht so aufgefallen, dass in den Texten der biblischen Schriftsteller die ersten, die eine Begegnung mit Jesus nach seinem Tod hatten, Frauen waren. Sie, die auch unter dem Kreuz ausgehalten und sich nicht aus Angst in Sicherheit gebracht hatten, erkannten ihn in ihren Herzen. Das ist 2000 Jahre lang in einer männerorientierten Kirche vielfach nicht so im Bewusstsein der Christen geblieben.

Im Jahresbuch ist von *Maria Magdalenas Osterfreude* erzählt (nach Johannes 20,18). Sie erhielt den Auftrag von Jesus, zu seinen Freunden zu gehen und ihnen von der Begegnung mit ihm zu berichten. Doch die Freunde glaubten ihr nicht. Das ist auch nicht verwunderlich, weil bei den orientalischen Völkern der damaligen Zeit das Zeugnis von Frauen gar nicht zählte. Ihnen brauchte niemand zu glauben. Aber wir sollten aufmerken: Noch bevor die Männer an den auferweckten Jesus glaubten, taten es die Frauen und wurden aktiv. Kindern sollten wir in Erzählungen immer wieder erfahrbar machen: Jesus machte keinen Unterschied zwischen Männern und Frauen.

Wichtig ist an dieser biblischen Auferweckungsgeschichte wie z.B. auch in der Geschichte von den *Emmausjüngern*, dass die Kinder von Menschen erfahren, die nach dem Tod Jesu in große Traurigkeit, Verzweiflung oder Hoffnungslosigkeit fielen und dann *jemand* begegneten, durch dessen Gegenwart sie aus Verzweiflung und Trostlosigkeit herausfanden. Und in diesem *Jemand* sahen sie Jesus. Das gab ihnen die Gewissheit: Jesus lebt. Trauer, Verzweiflung und Tod sind nicht das letzte Wort. Gott schenkt neues Leben.

Ostern ist eines unserer ältesten Feste. Als christliches Fest wurde es schon im 4. Jahrhundert als *das Fest der Feste, das Fest der Auferweckung Jesu* mehrere Tage lang gefeiert. Die österliche Festzeit dauert seitdem 50 Tage bis Pfingsten. Das Osterfest war verbunden mit der Freude über den Sieg des Frühlings über den Winter, das Erwachen des neuen Lebens in der Natur. Alle Osterbräuche sind hier verwurzelt. Die große Freude der Menschen will sich ausdrücken in Wort und Bild, in Essen und Trinken, in Spiel, Lied und Tanz. Die Freude wollen sich die Menschen mit allen Sinnen einverleiben und kosten.

Maria Magdalenas Osterfreude (S. 176)

Diese Geschichte gibt im Jahresbuch den Einstieg in das Osterkapitel.
Gesprächsimpulse für ein Gespräch mit Kindern:

- Maria Magdalena, die Freundin Jesu ist traurig. Sie fühlt sich so allein ...; ihr wart doch auch schon einmal traurig ...;
- ihr denkt an die Mama oder den Papa, wenn ihr allein seid, wie ist das? (Z.B.: Wir haben dann manchmal das Gefühl, sie sind bei uns ...);
- Jesus, Marias Freund und Lehrer, ist gestorben – sie weint ...
  Wenn jemand gestorben ist, weinen die Menschen ... das kennt ihr bestimmt ...;
- Maria Magdalena sitzt am Grab ... warum wohl ...? (sich Jesus nahe fühlen ...);
- das leere Grab macht Maria Magdalena Angst ...;
- da sieht sie jemand ... die Engel ... sie erschrickt ...;
- die Engel haben eine Botschaft ...;
- Maria Magdalena sieht in ihrem Herzen Jesus ... da macht sie die Augen auf ... Da steht jemand ... der spricht sie an: »Maria« ... Wieso Maria merkt, das ist kein Gärtner ... das ist Jesus ...;
- Maria Magdalena ist plötzlich ganz froh – das zeigt sie auch ...;
- was Maria Magdalena auch uns sagt: »Jesus ist nicht im Tod geblieben. Gott hat ihm neues Leben geschenkt. Nun brauchen wir auch keine Angst mehr vor dem Tod zu haben.«

Die beiden folgenden Geschichten können nach der biblischen Ostergeschichte erzählt bzw. vorgelesen werden aber auch zur Vorbereitung darauf, um dann an die Erfahrungen der Kinder anzuknüpfen.

Der Ostervater (Seite186)

Tanjas Eltern leben getrennt. Das ist für sie nicht einfach. Der Vater schickt ihr zu Ostern immer ein Riesenpaket. Aber in diesem Jahr ist es anders, kein Paket kommt. Doch Anjas Verzweiflung verwandelt sich in österliche Freude ...
Das ist eine Familiengeschichte, in der Kinder, die in einer ähnlichen Situation sind, ihre Gefühle zum Ausdruck bringen können. Schön ist es, wenn die Kinder Anjas oder ihre eigene Osterfreude auf ein großes Blatt malen können.

Bertrams Tagebuch (Seite 187)

Für Schulkinder: Ein alter Lehrer liest den Kindern seiner Klasse aus dem spannenden Tagebuch eines Jungen, der Bertram heißt, vor, der alles aufgeschrieben hat, was er erlebt und gedacht hat, *»damit etwas Gutes von mir zurückbleibt, wenn ich alt bin und sterbe«.* Die Kinder beginnen mit der Zeit, *ihren* Bertram zu lieben. Kurz vor Ostern liest der Lehrer vor, wie Bertram darüber denkt, was mit Jesus nach seinem Tod geschah. Die Kinder sind gespannt. Das wollen sie unbedingt wissen. Der Lehrer führt sie deshalb zu Bertram. Wo begegnen sie Bertram? An seinem Kriegsgrab mitten im Wald erfahren sie seine Antwort ...
Diese spannende Erzählung eignet sich sowohl für eine Vorlesestunde in der Familie wie auch zur schulischen Vorbereitung auf Ostern. Sie kann die biblische Erzählung *Maria Magdalenas Osterfreude* vor- oder auch nachbereiten:

Impulse für ein Gespräch mit Grundschulkindern:

- Ein Lehrer liest aus einem Tagebuch eines Jungen vor ... er ist allen in der Klasse unbekannt ... wie sich das ändert ...;
- Bertram wurde einer von ihnen, wieso? ...;

– warum die Kinder Bertram persönlich kennen lernen wollen ...;
– Ostersonntag macht sich der Lehrer mit ihnen auf den Weg; was sie zunächst alles sehen ...;
– die Begegnung mit Bertram – ganz anders als erwartet ...;
– wieso das eine *Ostergeschichte* ist ...

Auch in der Familie können die Geschichten gelesen oder erzählt werden.

Nach einem alten Osterlied
Hört ihrs läuten?
Zur Osterzeit (Seite 178–179, 181)

Diese drei Texte drücken den Jubel über das Osterfest aus: die beiden Gedichte sehen die ganze Welt in fröhlichem Frühlingskleid und laden geradezu zum Aufsagen ein, z.B. beim Osterfrühstück.

Der Vers aus einem alten Osterlied bringt es auf den Punkt: Gott hat das Leben neu gemacht. Auf ein schönes Blatt Papier geschrieben und mit Blüten verziert, kann es z.B. auf dem Jahreszeitentisch Platz finden.

Das Lied kann von Kindern leicht nachgesungen werden. In einem Kinder- oder Familiengottesdienst können sie sich im Kreis dazu bewegen: im ersten Vers fassen sie sich an und gehen rechts herum, beim zweiten bleiben sie stehen, drehen sich um sich selbst und klatschen in ihre Hände.

Ostersymbole

Osterei: (Seite 166/167)

Das Ei ist das Symbol des Lebens und ist zum Sinnbild der Auferweckung Jesu geworden. Wie sich nämlich das Küken aus der Schale befreit und aus dem Ei schlüpft, wurde Jesus aus der *harten Schale des Todes befreit.* So wurden auch bemalte Eier als Grabbeigaben aus den ersten christlichen Jahrhunderten entdeckt.

Seit alters her sollte das Ei Kraft schenken, die gerade nach der Fastenzeit geschwunden war. Außerdem wird erzählt, dass die Fastenzeit mit einer guten Legezeit der Hühner zusammenfiel, sodass sich zu Ostern eine Menge Eier angesammelt hatten. Als Symbol der Fruchtbarkeit hängte man auch schon immer ausgeblasene, bemalte Eier an grüne Zweige, die mit bunten Bändern geschmückt wurden. So vermischten sich zu Ostern wieder heidnische mit christlichen Bräuchen.

Im Jahresbuch sind einige Möglichkeiten aufgezeigt, wie Kinder mit Erwachsenen auf einfache, fantasievolle Weise Eier färben oder bemalen können.

Osterbrot: (Seite 170)

Das Osterbrot ist das älteste christliche Gebildbrot, das wir kennen. Zur Bedeutung dieser Bilder aus Brot ist bereits in der Adventszeit (JB S. 54–57, AH S. 42–43) Wichtiges gesagt. Ein wirkliches Gebildbrot sollte nicht gekauft, sondern mit der Hand geformt, also *gebildet* werden. So können Kinder und Erwachsene wertvolle Erfahrungen mit allen Sinnen machen, einen Prozess des Werdens miterleben und dabei Fantasie und Vorfreude entwickeln. Das findet seinen fröhlichen Abschluss im gemeinsamen Riechen, Kosten und Essen. Das Rezept von S. 54 taugt auch für österliche Bildbrote, noch angereichert mit 1–2 Eiern und gehackten Mandeln.

Osterfeuer und Osterkerze (Seite 180)

Wie im Jahresbuch beschrieben und wie es schon das Feuer zu Aschermittwoch gezeigt hat, ist das Feuer ein Sinnbild der Verwandlung. »Du kannst es schon spüren: Jetzt ändert sich etwas«, heißt es im Jahresbuch. Osterfeuer haben eine lange Tradition, die in die heidnische germanische Zeit zurückreicht. Mit dem Frühlingsfeuer sollten die Winterdämonen endgültig verbrannt werden, und die Asche wurde auf die Felder gestreut, um sie fruchtbar zu machen. Hier taucht auch das *Vogel-Phönix-Symbol* von Aschermittwoch wieder auf.

Auch in der nächtlichen Osterliturgie wird ein Osterfeuer angezündet. Das christliche Osterfeuer sollte das heidnische ablösen. Das Feuer ist hier Symbol für Christus, der wie ein Funken aus einem Stein, aus dem Felsengrab zu neuem Leben hervorging. Auch die Asche des kirchlichen Osterfeuers streuten früher die Menschen auf die Felder, um das Wachstum zu fördern.

An dem Feuer wird dann die geschmückte liturgische Osterkerze entzündet, die feierlich in die noch dunkle Kirche getragen wird. Sie soll ein Sinnbild für Christus sein, der gesagt hat: »Ich bin das Licht der Welt«. An der Osterkerze können Erwachsene und Kinder ihre eigenen Osterkerzen entzünden und nach der Osterliturgie mit nach Hause nehmen.

Osterwasser (Seite 181)

Wasser als Regen, Tau, Quelle, Bach, Fluss oder Meer ist ein Ursymbol der Schöpfung. Davon ist im Jahresbuch den Kindern erzählt – vgl. zum Sinnbild Wasser AH S. 106. So wird auch in der Osternacht das Taufwasser geweiht. Die Taufe hat die Symbolik aufgenommen: der *alte Mensch* stirbt im Wasser, und der *neue* Mensch ersteht mit Jesus Christus aus dem Wasser als neuer Mensch.

Vielerorts wird in der Osterfeier nach der Segnung des Taufwassers ein Kind oder auch ein Erwachsener getauft. Kinder sollten eingeladen werden, dabei im Kreis um den Taufbrunnen zu stehen, um lebendig teilnehmen zu können und z.B. ein aus Ton selbst gewerktes kleines Wasserbecken zur Erinnerung an das Taufbecken, sowie ein Osterbrot und ein besonders schönes Osterei als Taufgeschenke zu überreichen.

Osterlamm (Die Speisenweihe) (Seite 168)

Das Lamm war im Alten Testament bei kultischen Handlungen ein beliebtes Opfertier. Beim Passah z.B. wurde ein Lamm verzehrt. Darüber ist den Kindern S. 156 erzählt.

Im Neuen Testament wurde das Sinnbild auf Jesus übertragen, der zu seiner Botschaft gestanden hatte und wehrlos wie ein Lamm hingerichtet wurde. So kam das Lamm als Symbol Jesu in das christliche Osterbrauchtum. Das Thema *Jesus als Opferlamm* ist hier für die Kinder ausgespart, um sie nicht zu überfordern.

Zum feierlichen Osteressen gehört heute noch in vielen Familien ein Osterlamm. Bekannt geblieben ist das Lamm besonders auch als ein Bildbrot, als das gebackene Osterlamm, das den Speisenkorb ziert oder auf dem Frühstückstisch prangt. Das Lämmchen lässt sich gut mit Kindern gemeinsam backen:

Hier das Rezept:

200 g gesiebtes Mehl mit 1/2 Päckchen Backpulver
140 g Zucker + 1 P Vanillezucker
3 Eier
1 abgeriebene Schale einer Zitrone oder Orange

Eigelb, Zucker und abgeriebene Schale gut verrühren, dann das Mehl mit dem Backpulver und ca. 5 EL Wasser vorsichtig unterrühren, zum Schluss das steif geschlagene Eiweiß behutsam unterheben. Den Teig in eine gut mit Öl eingefettete und mit Bröseln ausgestreute Lämmchen-Form einfüllen und ca. 25 min bei 200 Grad backen. Das Lämmchen auskühlen lassen und dann vorsichtig aus der Form lösen. Zum Schluss wird es dick mit Puderzucker bestreut, ein besonderes Vergnügen für alle Kinder. Es kann noch ein verziertes kleines Schild geschrieben werden mit dem Wunsch für alle: Gesegnete Ostern. An einen Stecken geheftet wird es zum Osterfähnchen.
Ebenso können wir ein kleines Lamm aus Knetmasse gestalten wie auch aus Pfeifenputzerdraht (Seite 78).

Osterhase (Seite 182–186)

Der Hase galt schon immer in unserem Land als das fruchtbarste Tier im Frühling. So war er ein echtes Frühlingssymbol, ein Symbol des Lebens. In heidnischer Zeit war er das Tier der Liebesgöttin Aphrodite und der germanischen Erdgöttin Holda.
Seit dem 16. Jahrhundert ist er bei uns als Osterhase bekannt, der die bunten Eier bringt. Als solcher wird er S. 182 den Kindern vorgestellt.
Der Hase ist ein beliebtes Tier bei den Kindern. Nicht wenige haben einen Hasen als kleines Haustier. So wundert ihre Osterhasenliebe wohl kaum.

Osterhasengedichte (Seite 183,185 u.191)

Das Lied des Osterhasen steckt an mit seiner prallen, sehnsuchtsvollen Lebensfreude. Die beiden anderen Gedichte können das Eiersuchen einläuten. Es sind Texte, die ihre Osterfreude erst richtig zum Ausdruck bringen, wenn sie auswendig gesprochen werden, wobei das Lied des Osterhasen für Grundschulkinder gedacht ist. Sie können in der Familie eingeübt werden oder auch vor Ostern in Schule oder Kindergarten zur Vorbereitung auf das Fest.

Has, Has, Osterhas (Seite 185)

bietet sich zum chorischen Einprägen an:
1. Strophe: in einem großen Topf ein kleines Gärtlein mit den genannten Blumen gestalten; Erzieherin oder Lehrerin die ersten Zeilen sprechen und die Kinder wiederholen lassen ...; im Kreis um das Gärtlein gehen und im Rhythmus den Text sprechen;
2. Strophe: um einen Starenkasten mit blühenden Weidenkätzchen die Szene bilden: den Text wie bei der 1. Strophe einüben;
3. Strophe: in der Kreismitte nun ein Nest mit einem großen und einem kleinen bunten Ei – sonst wie oben ... zum Schluss drei Gruppen bilden, die abwechselnd ihre Strophe sprechen und tanzen. Spaß macht es auch, für diesen einfachen rhythmischen Text eine eigene Melodie zu erfinden.

Osterhas, Osterhas (bei den Ostersprüchen Seite 191)

Stark rhythmisch sprechen und dabei in die Hände klatschen ... dabei gestisch untermalen: tragen ... verstecken ... unten ... oben ... loben.

Osterblumen

(Seite 190)

Ein Gang mit den Kindern durch die Natur macht es deutlich: neues Leben sprießt und die ersten Blumen blühen: Schneeglöckchen und viele andere. So sind auch die Blumen Symbole für neu erwachtes Leben, Osterblumen eben. Je nachdem ob Ostern früher oder später im Kalender verzeichnet ist, finden wir schon viele Blumen oder eben weniger. Es ist für Kinder ein Erlebnis, die ersten Blumen zu entdecken. Der Text im Jahresbuch erzählt davon. Sie können uns auch in einem Frühlingssalat ihre Kräfte schenken: z.B. ein Salat aus grünen Salatblättern mit jungen Löwenzahnblättern und Gänseblümchen sieht festlich aus und schmeckt prima. Kinder helfen gerne beim Zubereiten.

Osterspiele und Ostersprüche

(Seite 191–194)

Das Brauchtum hat uns viele Spiele und Sprüche überliefert, damit das Fest fröhlich gefeiert werden kann. Das Jahresbuch hat aus der Fülle einige ausgewählt, alte und neue.

Maifeiertag

Einführung

(Seite 195–196)

Das Symbol des Maifeiertags ist der Maibaum. Er ist ein sehr alter Festbaum. Schon bei den Griechen und Römern war es guter Brauch, *den Maien* zu holen und die Häuser damit zu schmücken. So kündet er schon immer davon, dass der Winter endgültig besiegt ist. Er wurde zum Symbol der Fruchtbarkeit, des Glücks und der Liebe junger Menschen. Bis heute wird der Baum festlich geschmückt. Vorher werden bis zur Krone die Äste und die Rinde entfernt. Das erinnert an den Glauben unserer Vorfahren, die damit die bösen Hexen und Dämonen vom Baum fern halten wollten.

Neben bunten Bändern und bemalten Eiern werden auch Zeichen der Bauern und Handwerker und anderer Berufe hineingehängt. So wird der 1. Mai heute auch als Tag der Arbeit gefeiert. Diese Bedeutung ist bei großer Arbeitslosigkeit wieder ganz aktuell geworden: jeder Mensch hat ein Recht auf Arbeit.

Rund um den Maibaum herum beginnt ein fröhliches Treiben. Wie die Kinder bis zur Maibowle am Abend mit dabei sein können, erfahren sie im Jahresbuch.

In manchen Orten muss der Maibaum in der ersten Nacht bewacht werden, weil sich Leute aus Nachbargemeinden einen Scherz daraus machen, den Baum zu rauben.

Die Kinder können zu dem Lied *Der Mai, der Mai, der lustige Mai* (Seite 195) einen Kreis um den Baum bilden, Erwachsene hinzu bitten und es im fröhlichen Kreistanz singen.

Maria Maienkönigin

Einführung (Seite 196–202)

Aus der Verehrung der heidnischen Frühlingsgöttin ist im Christentum die Verehrung Marias als Maienkönigin geworden. Maria wurde im Volksglauben seit alters her mit Blumennamen (hierzu auch Muttergottesgläschen S. 202) und wie eine göttliche Mutter geehrt. Das wiederholt sich beim Fest Mariä Himmelfahrt.
Im Jahresbuch ist eine *Maria-Geschichte* erzählt, die Marias Leben einmal zusammenhängend für Kinder aufzeigt: z.B. als eine Frau die Fragen stellt und sich mit Schwierigkeiten auseinandersetzt, die eigenständig Entscheidungen trifft; als die Mutter, die ihr Kind nährt und schützt, die mit ihrem Mann die Flucht bewältigt, die ihren Sohn zur Rede stellt, die ihm gegenüber auch Unverständnis zeigt, die später dessen Lebensweg akzeptiert, die seinen Schmerz teilt und zu ihm steht bis zu seinem Tod. So lernen Kinder eine Frau kennen, in deren *Lebensbildern* sie Aspekte für ihr eigenes Leben finden, die es zu entwickeln gilt – ähnlich wie bei den Jesusgeschichten. Dann bleibt Maria auch als *Himmelskönigin* nicht abgehoben fern von ihnen, sondern kann sich mitten in ihrem Leben verwurzeln.
Maria kann so einmal Thema für den ganzen Monat Mai sein. Es sollte dabei nur darum gehen, in diesen einzelnen Geschichten Maria lebendig werden zu lassen, sodass sich die einzelnen Aspekte nach und nach bei den einzelnen Marienfesten entwickeln können.

Impulse für Grundschulkinder:
- was ich über die Mutter Jesu alles weiß ...;
- wie ich mir Maria vorstelle – ein Bild malen ...;
- die Bilder betrachten und darüber sprechen ...;
- sich im Laufe des Monates mit einzelnen Abschnitten ihres Lebens vertraut machen: was wir schon wissen: Verkündigung (S. 146), Besuch bei ihrer Cousine Elisabeth (S. 250), die Geburt ihres Kindes in der Fremde (S. 82), die Flucht mit dem Kind Jesus (S. 96); was noch in der *Maria-Geschichte* erzählt ist: im Tempel von Jerusalem (S. 197), als Jesus erwachsen war (S. 197–198), als Jesus getötet wurde (S. 198).

Ich denke gern an dich Maria (Seite 199)

(für Kinder ab 8 Jahren)
Der Text sollte für jedes Kind kopiert werden:
- da hat jemand aufgeschrieben, warum er gern an Maria denkt ... schaut euch den Text an ...;
- welche Sätze dir besonders gefallen ... die kannst du einrahmen ...;
- vergleicht einmal eure Sätze miteinander ...;
- was dir einfällt und du gerne aufschreiben möchtest ...;
- die Einfälle der Kinder zu einem Gesamttext zusammenfassen und illustrieren ...
- Bilder und Texte zu einer Collage gestalten.

Zu den Geschichten

Die liebe Frau von Guadelupe (Seite 200)

Eine Erzählung, die deutlich macht, wie Indios, die in ihrer alten Tradition besonders eine Göttin als Mutter des Lebens verehrt hatten, es schwer hatten, den Christengott der spanischen Eroberer anzuerkennen, zumal die Eroberer sehr grausam waren. Die Legende erzählt nun, wie sie zu Maria fanden, sie als *Unsere Frau von Guadelupe* verehrten und zu ihr beteten. Das geschieht bis heute. Im Gebet zu ihr finden sie auch Kraft, gegen Unterdrückung anzugehen.

Impulse zur Legende:
- warum die Indianer keine Christen werden wollten ...;
- wie sie den Weg zu Gott über Maria fanden ...;
- warum sie das Gebet zu Maria auch heute suchen ...;
- die Erzählung mit der Textstelle aus dem Magnificat (JB S. 250) vergleichen ...;
- *Maria – die Mutter der Indios* bildnerisch gestalten: entweder mit Wasserfarben oder Wachsmalkreide oder mit Stoffresten zu einer textilen Collage.

Der Tänzer Marias (Seite 201)

Diese Legende macht auf anrührende Weise deutlich, wie vielfältig Beten sein kann:
- die Legende erzählen ...;
- Äußerungen der Kinder hierzu ...;
- wie der Abt seine Meinung änderte und warum ...;
- wie wir beten ...;
- der ganze Körper will beten – verschiedene Haltungen und Gesten des Betens finden: sitzen, stehen, liegen, hüpfen, die Hände und Arme öffnen oder schließen ...;
- die Kinder immer wieder bei einem Gebet behutsam zu passenden Gebetshaltungen einladen.

Muttertag (Seite 203)

Jedes Jahr erhebt sich die Frage: Hat dieser Festtag noch seine Berechtigung? Bestimmt nicht als Anlass, eine ganze Kaufkampagne loszutreten! Vielmehr sollte innerfamiliär sowie kirchlich und gesellschaftspolitisch das Thema »Mutter« aktuell bleiben. Den Tag kindgemäß in der Familie feiern, das hält das Bewusstsein wach. Kinder lieben das Fest. Sie möchten für die Mutter ein besonders schönes Fest vorbereiten und gestalten. Vorschläge sind S. 203–207 gemacht. Als Schmuck für den Festtisch blühen draußen die Maiglöckchen, und es gibt S. 207 gleich eine Geschichte dazu. Vielleicht kann eine fröhliche Familienkonferenz (S. 204) zum Alltag der Mutter, des Vaters und aller anderen wichtige Aspekte aufzeigen.

Wie man Muttis schnell zum Kochen bringt (Seite 205)
Zum Muttertag (Seite 207)

Die beiden Gedichte bringen eine bestimmte fröhliche Note in das Fest und sollten bei den älteren Kindern die Mühe schon lohnen, sie für die Mutter auswendig vorzutragen. Das erste kann sehr gut gestisch untermalt werden.

Christi Himmelfahrt – 40 Tage nach Ostern

Einführung (Seite 208)

In den biblischen Erzählungen über die Aufnahme Jesu in den Himmel wollten die biblischen Schriftsteller sicherlich nicht über ein Ereignis berichten, das die Freunde Jesu so erlebt hatten. Vielmehr war ihr Anliegen, im Rahmen des damaligen Vorstellungshorizontes eine Bildaussage zu machen. Darin wollten sie den Menschen überliefern, dass Jesus nun endgültig bei Gott ist, nachdem er ihnen 40 Tage lang in unterschiedlicher Weise erfahrbar gemacht hatte, dass er nicht im Tod geblieben sei und ihnen verbunden bleibe alle Tage bis ans Ende der Welt. Jesus kannte wohl die Angst seiner Freunde und Freundinnen, allein gelassen zu sein. Er versicherte ihnen, er werde ihnen jemand schicken, der sie trösten und stärken werde, den Geist Gottes.
Himmel ist das Sinnbild dieses Festes: das absolut Gute, Schöne, Vollkommene, der absolute Friede und die absolute Liebe: die Gegenwart Gottes. Die Erzählung S. 208 setzt sich mit dem Thema kindgemäß auseinander.

Impulse hierzu:
– Wie stellt ihr euch den Himmel vor ... (der ist oben über den Wolken ... da wohnt Gott ... da sind die Sterne ... der Mond ... die Sonne ... da sind auch die Engel ...) die Erzählung mit den Kindern lesen ...;
– vergleicht das mit dem, wie sich in der Geschichte die Mutter und ihre Kinder den Himmel vorstellen ... (wo Gott ist, da ist der Himmel, wo es gut ist, wo ich keine Angst mehr habe ...);
– der Himmel fängt schon bei uns an ... (wenn mich jemand lieb hat, wenn ich jemand tröste, wenn jemand gut zu mir ist, wenn ich ein Kind beschütze ...).

Der Abschied Jesu von seinen Freunden und Freundinnen wird im Gottesdienst dadurch verdeutlicht, dass die Osterkerze ausgelöscht wird.
Es ist interessant, dass sich zum Fest Christi Himmelfahrt so gut wie kein Brauchtum entwickelt hat. Der seltsame Brauch aus dem 15. Jahrhundert, eine Christusfigur durch eine

Dachluke der Kirche nach oben zu ziehen, hat sich gottlob nicht gehalten. Dagegen sind Prozessionen noch aktuell. Sie greifen die Botschaft Jesu auf: Ich gehe zum Vater. Das Sinnbild des Weges (hierzu auch die Grunderfahrungen AH S. 98–99) zeigt uns unseren Lebensweg, auf dem wir mit Jesus zum Vater unterwegs sind.
Hiervon erzählt der Text *Prozession am Festtag Christi Himmelfahrt* (S. 209).

Mit Jesus unterwegs (Seite 210)
Lass mich dabei sein (Seite 211)

Zum Betrachten

Impulse für Grundschulkinder:
- Die einzelnen Menschen betrachten, die da unterwegs sind ...;
- was alles geschehen kann: einiges sagt uns der Text: müde sein, Hunger haben, sich verirren, auseinander gehen ...;
- Jesus will uns immer begleiten, so hat er es uns versprochen (hierzu die biblischen Jesusworte).
- Nach einer Stilleübung im Kreis langsam das Gebet sprechen.

Gestaltungsmöglichkeit:
- eine Prozession malen

Pfingsten

Von der großen Begeisterung

Pfingsten – 50 Tage nach Ostern

(Seite 215–216)

Leitmotiv: Begeisterung
Pfingsten ist kein Fest, auf das die Menschen sich so spontan freuen, wie auf Weihnachten oder auch Ostern. Es ist kein sichtbares Gabenfest wie z.B. Weihnachten. Es ist vom Heiligen Geist die Rede. Aber wer ist das überhaupt? So fragen viele Kinder. Im Jahresbuch ist nun versucht, die pfingstlichen Sinnbilder zu erschließen und darin eingebettet die biblische Pfingsterzählung zu deuten.

Pfingstsymbole

Wind, Sturm, Atem

In der biblischen Erzählung ist von einem Wind, von einem Brausen die Rede. Das Alte Testament kennt hierfür das Wort *ruah*. Das ist ein weibliches Symbol: Gottes weibliche *ruah* schwebte über den Chaoswassern als Leben schaffender Wind oder Atem. Mehrfach ist von der *ruah* im Alten Testament die Rede. Sie, die göttliche, lebendige Kraft zeigt ein bewegendes und veränderndes Wirken. Unser überliefertes Gottesbild trägt in der Regel aber nur männliche Züge, oft streng und fordernd. Es fehlen weitgehend die weichen und zärtlichen Züge. So wurde leider später auch aus der weiblichen *ruah* in der lateinischen Sprache *spiritus – der Heilige Geist*. Dadurch verblasste der weibliche Symbolhintergrund, weil in dieser Bezeichnung das Weiblich-Lebendige und Bewegende nicht mehr enthalten war. So wurde Gott oftmals einseitig männlich verkündet. Interessant ist, dass das Volk Gottes offenbar die abstrakte Theologie des männlichen Heiligen Geistes nie so recht verinnerlichen konnte und somit auch z.B. zu Pfingsten kaum ein ursprüngliches Brauchtum entstanden ist.
Umso wichtiger ist es, den Kindern elementare pfingstliche Erfahrungen zu ermöglichen.

Wind und Atem

- An einem windigen Tag den Wind spüren ...;
- mit einem nassen Finger spüren, woher er weht ...;
- unterschiedliche Windstärken erfahren: böig, schwach, wirbelnd ...;
- die Kraft des Windes spüren ...;
- die Wirkung des Windes beobachten bei Blättern, Staub, Regen, Wolken, am Wasser.

In einem Gespräch die Erfahrungen austauschen, dann auf einzelnen Rhythmikinstrumenten die verschiedenen Windarten darstellen (leisen Windhauch bis Sturmstärke ...) und Zeit lassen zum Nachempfinden.

Der Atem ist lebensnotwendig:
- meinen Atem spüren (am besten in einer Stilleübung) ...;
- was mein Atem alles kann: Federn und Wattebausch durch Pusten bewegen ...;
- jemanden anhauchen – den warmen Atem spüren ...;
- versuchen, vorsichtig den Atem anzuhalten und die Wirkung spüren ...;
- von der Beatmung von Mund zu Mund und der künstlichen Beatmung zur Lebensrettung erzählen, wenn vorhanden, Fotos oder Filme anschauen.

Die Kinder tauschen ihre Erfahrungen aus.
- den Wind durch körperliche Bewegung darstellen: leiser Windhauch, Windstoß, anhaltender starker Wind, Sturm.

Grundschulkinder können Redewendungen zusammentragen, in denen vom Wind die Rede ist:
- Ich bekomme Rückenwind.
- Mir weht frischer Wind um die Nase.
- Sei nicht so stürmisch ...

Diese sind wie Bilder und können so auch illustriert werden.

Eine Sturmgeschichte aus der Bibel
(Seite 216, linke Spalte bis zum letzten Absatz)

- Die nacherzählte biblische Geschichte vorlesen oder erzählen;
- die Kinder sprechen darüber, wie sie die Geschichte erlebt haben ...;
- davon erzählen, wie göttlicher Geist einem Sturm gleich die Jünger verwandelt hat (kommen aus dem Versteck ... sind jetzt mutig, laufen auf fremde Menschen zu ...).

Wie die Freunde Jesu jetzt handeln: (JB S. 216 letzte Spalte linke Seite und rechte Spalte) vorlesen oder erzählen.

Du kannst es nicht sehen (Seite 217)

Das kurze Gedicht fasst noch einmal zusammen und schließt mit der Zuversicht: Gottes Geist ist da, unsichtbar dir nah.

Gottes Geist (Seite 227)

Dieses Pfingstlied nimmt das Sinnbild des Windes auf. Es kann in den Familiengottesdienst eingebracht werden.

Symbol Feuer

Das Feuer als verwandelnde Kraft ist von Ostern her schon bekannt. Es wärmt, erhitzt, zündet, lässt Funken sprühen, verbrennt, verwandelt, erhellt die Dunkelheit usw. Es ist ein starkes Symbol. Wir erinnern uns an Aschermittwoch und Ostern, wie das Feuer die Dinge verwandelt. Dabei kann es Leben spenden und zerstören.

Ergänzend können die Kinder, im Raum verteilt, mit einem orangefarbenen Tuch in den Händen das Feuer darstellen: vom ersten Anbrennen bis zu lodernden Flammen und bis zum Erlöschen.

Für Grundschulkinder: Bildhafte Redewendungen:
- Feuer im Herzen haben;
- Ganz entflammt sein;
- Sie haben Feuer gefangen ... usw.

Feuer gefangen haben auch die Jünger. Das erfahren wir im biblischen Pfingstfest: die untergetauchten Freunde waren wie erloschen. Die Angst hatte in ihnen das Feuer der Freundschaft zu Jesus fast ausgelöscht, nur ein glimmender Docht glühte schwach in ihren Herzen. Da entzündete in ihnen eine Stichflamme eine gewaltige Glut der Begeisterung, die aus ihnen neue Menschen machte ... »Wie mit Feuerzungen redeten sie ...« heißt es im Bibeltext. Dieses Feuer der Begeisterung setzte neue Kräfte frei: die Jünger konnten nun die Menschen für die Botschaft Jesu begeistern. Die Menschen auf den Straßen Jerusalems gingen aufeinander zu und fanden neue Wege des Miteinanders. Petrus hielt eine flammende Rede. Er erzählte den Menschen, was das Feuer der Liebe Gottes in ihm verändert hatte.

Mit den Kindern S. 216 lesen: Das verwandelt uns ...

Zu Ostern in Jerusalem (Seite 218)

Dieses Gedicht schlägt den Bogen von Ostern über Pfingsten zu uns:

- ein Wort wiederholt sich ständig (verstehen)
- Das Verstehen ist in jeder Strophe anders ... (Nicht jeder versteht, was Ostern geschehen ist, z.B. der ungläubige Thomas. Pfingsten sind alle begeistert und verstehen Petrus ... Und wie ist es heute ...?)

Wir Kinder auf der Welt (Seite 221)

Dieses Gedicht führt das Pfingstmotiv in einer Gebetsbitte weiter: Alle Kinder gehören zu Gott und als Kinder Gottes gehören sie zusammen. Das Gebet thematisiert das gemeinsame Stehen aller Kinder vor Gott und spricht die Bitte um Hilfe aus in allen Belangen, die ihr Leben betreffen. Die Illustration lädt die Kinder ein, ins Gespräch zu kommen. Der Text kann die Kinder auch motivieren, eigene Bitten zu formulieren.

Zu den Geschichten

Maliber, malaber, malum (Seite 222)

Vier verschiedensprachige Kinder spielen miteinander und unterhalten sich in einer Fantasiesprache, die eine wunderbare Verständigung ermöglicht. Auf die Frage einer Frau, ob sie das auch alles verstehen, rufen sie: »Wir Kinder auf der ganzen Welt verstehen uns.«
Denn in ihnen brennt das Feuer der Begeisterung füreinander, könnte die pfingstliche Deutung heißen.

Der Feuervogel (Seite 224)

In dieser Erzählung wird von einem Vogel erzählt, der den Indianern das Feuer bringt. Aber nur die Person soll es haben, die am würdigsten ist. Eine Erzählung, die von der Achtung des Feuers erzählt und vom Not wendenden Feuer der Liebe.

Das Feuer des Hasses (Seite 222)

Nur für Grundschulkinder: Eine Geschichte aus unserer Zeit. Ein böser Geist hat die Herzen junger Männer vergiftet, und sie entzünden ein tödliches Feuer. Viele Kinder kennen solche schlimmen Geschichten aus den Medien. Die Erzählung bietet die Möglichkeit, dass Kinder ihre eigene Unsicherheit und Ängste mit einbringen können.

Pfingstmaien und Pfingstwasser (Seite 228)

Der warme Frühlingswind hat den kalten Winterwind endgültig vertrieben. Dank der wärmenden Frühlingssonne am Himmel grünt und blüht es überall. Pfingsten ist ein Frühlingsfest. Also holten die Menschen früher den grünen Maien und das Pfingstwasser ins Haus. Die Einzelheiten sind im Jahresbuch erzählt. Es ist ein Brauch, den wir in der Familie wieder aufleben lassen können.

Pfingstritual:
- Die Wohnung mit frischen grünen Zweigen schmücken und bunte Blumen auf die Tischdecke streuen oder hübsche Blumenschalen mit Frühlingsblumen gestalten ...;
- anstatt mit Wasser von der frischen Quelle mit dem gesegneten Osterwasser aus der Kirche alle Familienmitglieder oder das schön geschmückte Zimmer segnen mit dem Wunsch: Gesegnete Pfingsten!

Pfingsteier

Auch die Eier als Symbol des Lebens haben an Pfingsten ihren Platz. Sie wurden früher in der Pfingstnacht von jungen Männern erbeten, die von Haus zu Haus zogen und fröhliche pfingstliche Heischelieder sangen. Dafür erhielten sie Pfingsteier. Dieser Brauch ist fast ausgestorben. Aber die Pfingsteier sollten nicht vergessen werden. Sie gehören als Sinnbild der Wandlung zum pfingstlichen Frühstück oder können verschenkt werden.
- Eier rot färben oder bemalen (Rot für die Liebe Gottes)
- Eier mit roten *Feuerzungen* bemalen.

Die Taube

Die Taube war in den alten Kulturen als Vogel der Liebe und Gottesbotin das Symboltier der alten Fruchtbarkeits- und Liebesgöttinnen. Als die weibliche ruah nun in den alten Schriften der Bibel verschwand, verschwand wahrscheinlich auch die Taube als ursprüngliches Symboltier. Sie ist noch in der Erzählung von der Sintflut mit dem Ölzweig als Zeichen des Friedens zwischen Gott und seiner Schöpfung erwähnt und bei der Taufe Jesu als Symbol des Geistes Gottes. Es lohnt, einmal genauer hinzuschauen.
Die Taube ist nämlich ein interessantes Tier. Männchen und Weibchen brüten abwechselnd und ziehen auch die Jungen gemeinsam auf. Auf ihre Jungen hin zeigen auch die männlichen Tiere sehr weibliche, mütterliche Züge. Die Taube wurde vielleicht deshalb in der Bibel das Sinnbild für den Heiligen Geist in dem Sinn: Gott ist uns Vater und Mutter. In anderen Zügen zeigt sich die Taube auch als angriffslustig und weniger friedvoll.
Seit dem 6. Jahrhundert wurde die Taube auch zu Pfingsten als Sinnbild göttlichen Geistes gesehen. Da entwickelte sich allerdings ein Brauch, über den wir heute nur noch schmunzeln können. Während des feierlichen Pfingstgottesdienstes wurde aus dem Kirchengewölbe eine hölzerne Taube als Symbol des Heiligen Geistes an einer Schnur herabgelassen. An manchen Orten ließ man Blumen, kleine Lebkuchen oder gedörrtes Obst herabregnen, um an die reichen Gaben des Geistes zu erinnern. Das alles zeigt, wie die Menschen zwar versuchten, Pfingsten mit ihren Sinnen zu feiern, aber das Sinnbild Taube so nicht lebendig werden konnte.

Grunderfahrungen:
- Ein Taubenpaar beim Brüten und bei der Aufzucht der Jungen beobachten, in der Natur oder auf einem Video (sich abwechselnd beim Brüten der Eier, beide liebevoll zu den Jungen, nicht zu unterscheiden zwischen Vater und Mutter);
- die Kinder tauschen im Gespräch ihre Beobachtungen aus ...

Grundschulkinder: In der Bibel steht: *Als Jesus getauft wurde, kam der Heilige Geist wie eine Taube auf ihn herab.* Was will dieses Bild wohl erzählen: (Gott ist bei Jesus väterlich und mütterlich ... Das gibt ihm Kraft).

Gott, Vater uns und Mutter (Seite 227)

Das Gebet mit den Kindern betrachten.

Gestaltungsmöglichkeiten:
- Eine Taube gestalten und an einem schönen Platz als Pfingstsymbol aufhängen;
- Bildbrot: Pfingsttauben für den Frühstückstisch backen (Rezept JB S. 54). Aus dem Hefeteig formen die Kinder ihre Tauben.

Pfingstblumen (Seite 230–231)

Pfingsten ist ein Fest mitten im bunten Frühling. Davon kündet die Blütenpracht auf den Wiesen, Blumenbeeten und an Baum und Strauch. Viele erzählen uns von Pfingsten, vom heiligen Feuer, von den von Gott geschenkten Heilkräften, von den Zeichen der Liebe und schlagen noch ein-

mal den Bogen zu Ostern. Sie machen Pfingsten lebendig:

- Den Kindern die Geschichten erzählen;
- einen kleinen grünen Kranz mit Pfingstblumen bestecken und die Eingangstür damit bekränzen;
- bewusst mit den Kindern Sträuße aus *Pfingstblumen* binden für zu Hause oder zum Verschenken.

Gebildbrote

Zu allen Festzeiten gibt es eine Vielfalt an Gebildbroten, damit alle das Fest kosten und sich einverleiben können. Doch zum Pfingstfest gibt es sie kaum – auch ein Beweis, wie wenige Wurzeln das Fest geschlagen hat.
Einige Vorschläge aus dem Jahresbrauchtum, die auch pfingstliche Sinnbilder sind:

- Pfingsttäubchen (s. oben)
- Pfingststriezel: aus Hefeteig einen Zopf flechten (Bild des Miteinander)
- drei Rosen an einem Stiel: (ein altes Fruchtbarkeitssymbol, das an die ruah erinnern kann)
- die Himmelsleiter (JB S. 316:Himmel und Erde verbinden sich)

Pfingstessen

Pfingsten gemeinsam feiern mit Menschen aus anderen Ländern, im Bekanntenkreis, in der Nachbarschaft, in der Gemeinde. Alle bringen für ein Büffet eine Spezialität aus ihrem Heimatland mit.

Pfingstspiele

Anregungen hierzu auf S. 229 im JB. Die Festfreude drückt sich gerade auch im Spiel aus.

Fronleichnam
2. Donnerstag nach Pfingsten

Einführung (Seite 232)

Zur Entstehung des Festes ist im JB S. 232 alles Wichtige für Kinder erzählt. Dieses Fest knüpft an die Feier des Letzten Abendmahls am Gründonnerstag an. Die Gründerin dieses Festes wollte ein Fest zur besonderen Verehrung des Heiligen Brotes Jesu. Neben anderen Aspekten scheint mir für Kinder ein Ansatz in dem Versprechen Jesu zu liegen: Immer wenn ihr dieses Brot zu meinem Gedächtnis esst, bin ich bei euch.

Zum Sinnbild Brot haben die Kinder bereits im Advent sowie Weihnachten, Gründonnerstag bis Karsamstag vielseitige Erfahrungen gemacht. So können wir jetzt an ein zweites Sinnbild des Festes anknüpfen, das schon seit dem 13. Jahrhundert in der Fronleichnamsprozession aufscheint: der Weg. Seit dem 15. Jahrhundert wird die Prozession besonders auf dem Land mit Bittgängen durch die Natur verbunden. Viele Erwachsene berichten auch heute noch, dass diese Prozession durch Felder und Wiesen als

etwas sehr Schönes einen bleibenden Eindruck hinterlassen hat.
Das Thema Weg kann in seinen Grunderfahrungen hier oder auch schon am Fest Christi Himmelfahrt thematisiert werden.

Sinnbild Weg

Vom Tag an, an dem das Kind seine ersten kleinen Schritte macht, bemüht es sich vorwärts zu kommen, ein Ziel anzusteuern, seinen Weg zu suchen. Eltern vergessen nie, wie hartnäckig so ein Kleines übt, und wie oft es dabei vor Vergnügen kräht. Seine Schritte werden größer, die Wege weiter. Weggefährten kommen dazu.

Wegerfahrungen

- Mit nackten Füßen den Boden ertasten im Haus: Stein, Holz, Teppich ...;
- in der Natur: Gras, Moos, Sand, Steine, Kies, Morast ...;
- Wege mit Hindernissen begehen ... auf die Fußsohlen achten ...;
- schweigend einen Spaziergang machen, dabei Dinge fühlen und betasten, beschnuppern und riechen, lauschen und hinhören;

- Interessantes am Weg in eine Tüte oder ein Körbchen sammeln;
- auf einem Spaziergang durch Dorf oder Stadt alles aufmerksam beobachten.

Austausch im Gespräch: Mögliche Aspekte: die Wege sind sehr unterschiedlich; viel Interessantes liegt am Wegesrand ...;
mit anderen unterwegs zu sein macht Freude und nimmt Ängste weg; Menschen und Tiere suchen ihren Weg ...;

Eigene Wege gehen:
- Sich im Raum verteilen, auf ein Signal hin barfuß durch den Raum gehen, ohne einander zu berühren;
- sich in der Bewegung eines Tieres durch den Raum bewegen, auf ein Signal hin stehen bleiben und sich in der Tiersprache begrüßen;
- sich ein Kind suchen und sich als Blinde/r führen lassen;

Austausch im Gespräch: auf dem Weg muss ich Rücksicht auf andere nehmen; es macht Spaß, Kontakt mit anderen aufzunehmen; wie das ist, sich auf jemand anderen ganz zu verlassen (unsicher, angenehm, konnte nicht mehr gehen wie ich wollte) ...

Alle, die mich begleiten
- Mit einer Kordel einen Weg legen, daneben steht ein Korb mit Kieselsteinen; Kinder erzählen, wer sie begleitet z.B. Mutter, Vater, Erzieherin, Lehrerin, Freund/in, Haustier, Onkel, Tante, Oma, Opa, Schutzengel ... und nehmen für sich und jede weitere Person symbolisch einen Stein und legen ihn auf den Weg ... Es muss viel Zeit gelassen werden, dass die Kinder ihre Erlebnisse mit ihren Weggefährten/innen erzählen können.

Der unbekannte Reisebegleiter

(die Tobiaslegende JB S. 286)

Diese spannende Legende bedeutet dem Kind: Unterwegs auf meinem Weg bin ich nicht allein. Gottes Engel ist mir nahe.

Impulse:
- Die Legende vorlesen, einzelne Szenen spielen (Aussuchen des Wegbegleiters – was die Eltern sagen, der Fischfang, Hochzeit mit Sara, Heimweg, Ankunft – die Worte des Engels);
- Tobias und den Engel malen.

Jesus – unser Wegbegleiter:
- Den Abendmahlsbericht erinnern ...;
- Jesus hat seinen Freundinnen und Freunden und uns für unseren Weg etwas Wichtiges geschenkt (das heilige Brot) ... was seine Worte bedeuten (Jesus ist immer bei uns).
- was das alte Wort *Wegzehrung* uns sagen will ...

Prozessionsweg an Fronleichnam (Seite 232)

Einmal im Jahr gibt es ein Fest, da feiern die katholischen Christen das Heilige Brot in besonderer Weise. Sie tragen es in einem kostbaren Hostiengefäß (Monstranz) einen langen Weg durch die Straßen ihrer Gemeinde. An vier blumengeschmückten Altären (Norden, Süden, Osten, Westen – für die ganze Welt) segnet der Priester mit der Monstranz Menschen, Häuser, Tiere und Felder. Das Fest heißt *Fronleichnam*.

Zur Entstehung des Festes
- Mit Kindern ab 8 Jahren:
- erzählen, wer Juliane von Lüttich war ...;
- ihr Traum von dem fehlenden Fest ...;
- von ihren Schwierigkeiten ...;
- wie Julianes Fest auf der ganzen Welt gefeiert wurde ...;
- wie das Fest seinen schwierigen Namen bekam.

Woran du denken kannst (Seite 233)

Dieser Text nimmt das Thema *Jesu Liebe weitergeben* auf. Es kann auch abwechselnd von einigen Kindern zu Beginn oder zum Ende der Prozession als Gebet gesprochen werden.

Gestaltungsmöglichkeiten
- Viermal segnet der Priester mit dem Hl. Brot die Menschen – so sind vier Altartische aufgestellt. Erwachsene und Kinder können vor der Prozession einen Blumenteppich gestalten;
- hierzu Blütenblätter in einzelnen Farben sammeln: z.B. rote Pfingstrosenblätter, gelbe Ginsterblüten ...;
- ein schönes Bild überlegen, z.B. ein Mandala als Muster mit Betonung der Kreismitte legen; vor der Prozession mit Erwachsenen gemeinsam den Blumenteppich legen;
- jüngere Kinder sammeln Blütenblätter und streuen sie auf den Prozessionsweg vor dem Mandala-Teppich.

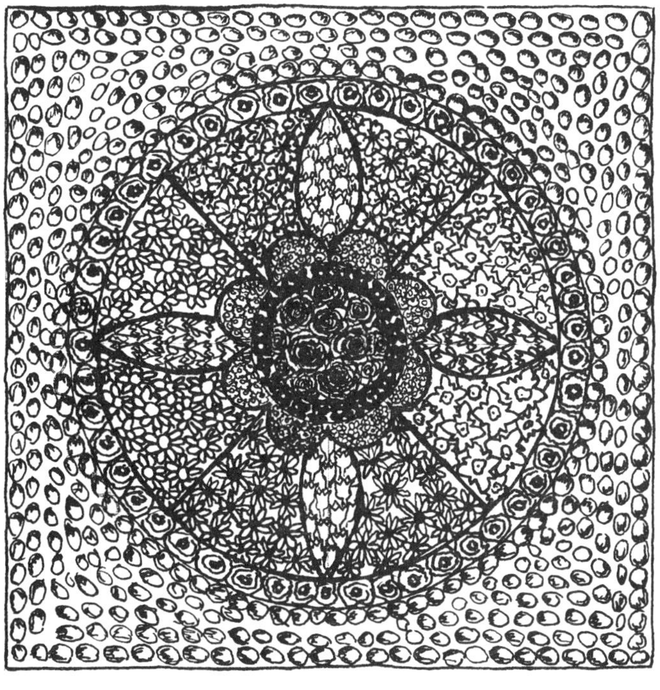

Sommerzeit
Die Sonne hoch am Himmel steht

Die große Sonnenwende – Johannisfest 24. Juni

Einführung (Seite 237)

Nun feiern wir den höchsten Stand der Sonne im Jahr. Es ist Sommeranfang und gleichzeitig der Tag der Sonnenwende.
Schon immer haben die Menschen die Sonne hoch verehrt. Der täglich zu beobachtende Sonnenaufgang, bei dem das Tageslicht geboren und die beängstigende Dunkelheit besiegt wird, ließ die Sonne für die Menschen schon früh als Garantin ihres Lebens erscheinen. Ihre Symbolfarbe war das Gold, z.B. singen wir heute noch von der *güldenen Sonne*. Die strahlende Sonne stand für Leben, Lebenslust, Fröhlichkeit, Schönheit, Optimismus und Hoffnung. Ihr immer wiederkehrender Lauf von Sonnenaufgang bis Sonnenuntergang verwies aber auch auf das Veränderliche im Leben, auf Werden und Vergehen. Deshalb wurde der höchste Stand der Sonne, die längste Lichtfülle an diesem Tag besonders gefeiert. Ursprünglich war dieses Fest in unserem Land heidnischen Ursprungs, als die Menschen noch keine Christen waren. Am Beginn des Festes stand ein Feuer um Mitternacht. Es sollte einerseits die Fülle der Sonne und damit der Einzug des Sommers gefeiert werden. Gleichzeitig sollten die bösen Dämonen, die Menschen, Tiere und die wachsende Ernte bedrohten, abgewehrt werden. Deshalb rollten die Menschen brennende Feuerräder, zu Ehren der Sonne *Sonnenräder* genannt, von den Bergen in die Täler.
Nach altem Glauben geschahen in dieser besonderen Nacht viele wundersame Dinge, die die Menschen in dankbares Staunen versetzten.

Die Kirche gab diesem bedeutenden Tag eine christliche Deutung: die strahlende, feurige Sonne, die der Welt das Licht schenkt, wurde zum Sinnbild für Jesus, der von sich gesagt hat: *Ich bin das Licht der Welt*. Jesus wurde in Beziehung zu seinem Verwandten Johannes dem Täufer gesetzt, der seine Lebensaufgabe darin gesehen hatte, die Menschen auf Jesus vorzubereiten: »Jener (Jesus) muss wachsen. Ich aber muss abnehmen«. So wurde auf den Tag, an dem die Sonne am höchsten steht und dann wieder abnimmt, der Geburtstag des Johannes gelegt, der im Vergleich zu Jesus an Bedeutung abnehmen wollte. Davon ist den Kindern S. 240 im JB erzählt.

Bedeutung der Sonne für Kinder:

Wie sehr Kinder die Sonne wahrnehmen, zeigen Kinderzeichnungen, vor allem bei jüngeren Kindern. Fast auf jedem Bild ist die Sonne zu sehen, oft ein runder Kreis mit einem lachenden Gesicht. »Nichts Schönres unter der Sonne als unter der Sonne zu sein« (Ingeborg Bachmann), das drücken im Grunde solche Kinderzeichnungen aus. Das Kind erkennt die Sonne als Licht- und Lebensspenderin und bekommt durch den immer wiederkehrenden Lauf der Sonne Vertrauen in eine Ordnung, in die es selber eingebettet ist. Wenn unsere Kinder erwachen, steht unsere Sonne schon am Himmel. Deshalb ist es für Kinder und auch Erwachsene ein unvergessliches Erlebnis, den Sonnenaufgang zu erleben, die Sonne aufzuwecken, wie es im JB S. 244 geschildert ist.

Symbol Sonne

Sonnenerfahrungen: Wie die Sonne auf das Leben wirkt:

- Sich in die Sonne und in den Schatten stellen und eine Weile dort verweilen (wie ich die Sonne, wie den Schatten empfinde ...);
- sich in der Mittagssonne und in der Abendsonne aufhalten und auch die Tiere beobachten (mittags brennt die Sonne, abends wärmt sie angenehm ... Menschen und Tiere werden träge, suchen den Schatten ...);
- die Pflanzen in der Sommerhitze beobachten (morgens öffnen viele die Blütenkelche,
- die Sonne trocknet die Tautropfen, mittags welken einige Blumen, abends gießen wir sie ..., einige drehen sich nach dem Stand der Sonne ... usw.);
- bei einem Spaziergang oder im Garten die Rinde der Bäume beobachten, wo Sonne und Regen hinkommen und wo nicht (trocken, bemoost, feucht ...);

Gestaltungsübung:

- Die Sonne malen: mit den Kindern überlegen, welche Farben wir der Sonne geben wollen und warum (gelb, orange, rot ...);
- (jüngere Kinder):wie wir sie malen wollen: mit den Armen einen großen Kreis bilden – so groß malen wir sie, und viele Strahlen, die sie auf die Erde schickt ... und unsere Sonne lacht ...;
- (ältere Kinder) Finger- oder Wasserfarben: im Gespräch Möglichkeiten entwerfen: wie die Sonne auf ein Getreidefeld, Blumenbeet, Straße scheint ... wie das Sonnenlicht die Farben bestimmt, welche Farben wichtig sind ...);
- die fertigen Bilder vergleichen: »was die Bilder uns von der Sonne erzählen ...«;
- eine Sonne aus gelbem Karton ausschneiden und mit einem *Sonnengesicht* bemalen, oder eine Sonne aus Knetmasse formen, trocknen lassen und bemalen, ein Loch zum Aufhängen bohren und mit einem schönen Band aufhängen.

Sonnengedichte und -lieder

Sonnengesang (Seite 238)

Dieser ergreifende Hymnus von Franz von Assisi drückt die Freude über die Sonne aus. Das entspricht auch der Freude der Kinder. Franz zeigt sie herrlich, strahlend, leuchtend, als *Sinnbild* Gottes der uns das Licht des Tages und des Lebens schenkt.
Die älteren Kinder können den Text *auswendig* lernen für ein Sonnenfest, damit sie ihn *inwendig*, als inneres Bild behalten.

Sonnentanz

Mit den Kindern Sonnenlaternen basteln; am Sonnwendfest abends paarweise im Kreis stehen, sich umeinander drehen, die Außenstehenden gehen in Schlangenlinie um die Innenstehenden und umgekehrt, dann einzeln zu einem großen Kreis gehen, nun zur Mitte und die Sonne hochheben und wieder zurück, wieder im Kreis gehen und sich zum Schluss zur Mitte hin verneigen.
Hierzu ein Tanzlied z.B.: *Tra-ri-ra-, der Sommer, der ist da*

Sommerwind (Seite 241)

Dieses Lied vom Sommerwind preist den Wind als Gefährten der Sonne im Sommer. Es weist schon auf die kommenden Ferienfreuden hin. Es kann als Gedicht gesprochen oder als Lied bei einem Sommerfest gesungen werden. Kindern macht es immer Freude, die Strophen gruppenweise abwechselnd zu singen und gestisch auszudrücken.

Zu den Geschichten

Die Sonne und die Wolke (Seite 238)

Die Sonne zeigt uns: Schenken macht nicht ärmer, sondern reicher:
- Den feurigen Wagen für die Sonne basteln, sich als Sonne verkleiden mit einem Strahlenkranz auf dem Kopf, als schlecht gelaunte Wolke ...;
- Sonne und Wolke begegnen sich im Spiel.

Die Wette von Sonne und Mond (Seite 239)

Viele alte Mythen beschäftigen sich mit der Entstehung von Sonne und Mond und besonders auch mit den Rätseln von Sonnen- und Mondfinsternis, die den Menschen Angst machten. Es entstanden viele Erzählungen, in denen sie versuchten, ihren Gefühlen Ausdruck zu geben. In diesen Bereich gehört auch die Erzählung aus der Oberpfalz. Den Kindern stellt sie darüber hinaus die Frage: ob es möglich ist, Schwierigkeiten durch eine Wette zu lösen.

Die Sonnenblume und die Wegwarte (Seite 239 und 240)

Die beiden Pflanzenlegenden haben eine besondere Beziehung zur Sonne, die eine groß und leuchtend, die andere klein und bescheiden. Beide strecken ihr Gesicht voll der Sonne entgegen, um in ihrem Licht zu leben:

- diese Blumen im Garten und an Wegrändern suchen und beobachten ...;
- sie malen oder aus Buntpapier ausschneiden und aufkleben.

Johannisfest

Einführung (Seite 240)

Wenn wir den Kalender betrachten, stellen wir fest, dass der 24. Dezember, das Geburtsfest Jesu, und der 24. Juni, das Geburtsfest des Johannes, im Jahreskreis sich genau gegenüberliegen: Jesus als das aufsteigende Licht und Johannes als das absteigende Licht. Deshalb wird die Sonnenwende eben nicht am 21. Juni, der eigentlichen Sonnenwende, sondern am 24. Juni gefeiert. Somit ist mitten im Sommer eine Verbindungslinie zu Weihnachten gezogen. »Bereitet den Weg des Herrn!« Das sind Worte des Johannes. Wie wir in der Bibel lesen können, hielt er sich viel in der Wüste auf. Er trug ein Gewand aus Kamelhaaren und einen ledernen Gürtel um seine Hüften und lebte von Heuschrecken und wildem Honig (Mk 1,4.6–7). Er scheint ein feuriger Prediger gewesen zu sein, der die Menschen zur Umkehr ihres Lebens aufforderte. Als Zeichen ihrer inneren Umkehr ließen sie sich im Jordanfluss von ihm taufen. Dadurch wollten sie sich reinwaschen vom Bösen und ein neues Leben beginnen. Für ihn war sicher der Höhepunkt seines Wirkens, als auch Jesus zu ihm kam, um sich von ihm taufen zu lassen. »Als er (Jesus) aus dem Wasser stieg, sah er, dass der Himmel sich öffnete und der Geist wie eine Taube auf ihn herabkam. Und eine Stimme aus dem Himmel sprach: Du bist mein geliebter Sohn, an dir habe ich Gefallen gefunden« (Mk 1,10–11). So spielen auch am Johannisfest die Sinnbilder *Himmel und Taube* wieder eine Rolle.
Zurzeit der Christianisierung wurde das heidnische große Sonnenwendfest mit dem Geburtsfest des Johannes verknüpft. Seit dieser Zeit heißt das Fest Johannisfest.

Symbole des Johannisfestes (Seite 242–244)

Johannisfeuer
Feuererfahrungen haben die Kinder schon Aschermittwoch, Ostern und Pfingsten gemacht. Wie die Sonnenräder in alter Zeit die Dämonen besiegen sollten, so sind sie für uns heute Sinnbild dafür, dass Böses verwandelt werden soll in das Gute. Nachdem das prasselnde Feuer herabgebrannt ist und alles uns Schädliche verbrannt hat, können wir an der verbliebenen Glut neue Speise als Sinnbild neuer Lebenskraft für uns bereiten. (Kinder-Johannisfeuer S. 244).

Sinnbild Brunnen
Wo Wasser ist, da kann Leben entstehen und gedeihen. Wasser ist so ein Symbol unseres Lebens. Kinder bringen die Erfahrung aus dem Fruchtwasser der mütterlichen Gebärmutter mit ins Leben. Nicht von ungefähr genießen Säuglinge das warme Bad in vollen Zügen. Und wie oft fühlen sich auch Erwachsene nach einem Bad *wie neugeboren*.
In Palästina, wo Johannes und Jesus lebten, regnet es nicht so oft wie bei uns. Ganze Landstriche waren Wüste. Da spielten die Brunnen eine große Rolle. Man musste schon tief graben, um Wasser zu finden. Die Menschen betrachteten das Wasser als einen Segen Gottes wie es in einem Psalm heißt: *Gottes Brünnlein hat Wasser die Fülle*. Wasser war für sie so ein Sinnbild der Güte Gottes. Deshalb verstanden die Menschen Jesus, wenn er ihnen sagte: »Wer Durst hat, der komme zu mir und trinke«, als Quelle des Lebens.
Zurzeit Jesu gehörte der Brunnen auch für rituelle Waschungen in den Vorhof des Tempels. In den ersten frühen Kirchen stand ein Taufbrunnen im Eingangsbereich. Auch heute noch finden wir in katholischen Kirchen einen *Minibrunnen*, das Weihwasserbecken. Viele Menschen benetzen sich mit dem gesegneten Wasser zum Zeichen, dass es sie von allem, was im Herzen drückt, *rein waschen* möge. Sie machen mit dem Wasser ein Kreuzzeichen, bevor sie den Kirchenraum betreten.
Auch bei uns ist es noch gar nicht so lange her, dass das tägliche Wasser aus einem Brunnen geschöpft werden musste. Zu meiner Kinderzeit im letzten Krieg habe ich oft an unserem Brunnen gesessen und in seine dunkle Tiefe geschaut, voller Schaudern manchmal: »Wer wohnt da unten in der Tiefe? Sind dort nicht leise Stimmen zu vernehmen?« Die Lichtreflexe malten seltsame Figuren auf die Wasserfläche. Die Märchen erzählten mir vieles von Nixen und Wasserfrauen.
Kinder machen auch heute tagtäglich viele Erfahrungen mit dem Wasser, von denen sie gerne erzählen.

Wasser als Quelle des Lebens erfahren
– Sich an einem heißen Tag mit einem Schlauch bespritzen und erfrischen ...;
– schmutzige Hände unter einen Wasserstrahl halten und beobachten, wie das Wasser den Schmutz löst ...;
– Wasser schmecken (Leitungswasser, Regentropfen, verschiedene Mineralwasser) und überlegen, woher das Wasser seinen Geschmack hat (Mineralien in der Erde) ...;
– beobachten, wozu Wasser beim Kochen gebraucht wird ...;
– welke Pflanzen gießen und beobachten, wie sie aufleben ...;
– wenn möglich einen Ziehbrunnen aufsuchen (Tiefe, Dunkelheit, Kühle ...)
– in der Kirche den kleinen Brunnen, das Weihwasserbecken aufsuchen, uns mit dem Wasser (vielleicht gegenseitig)segnen ...;
– an einer Taufe teilnehmen.

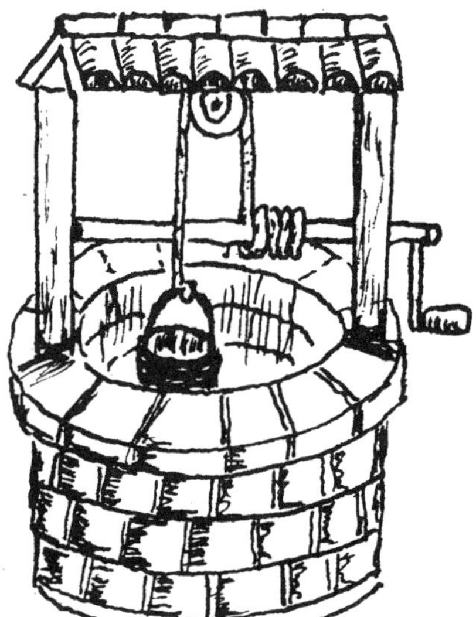

Ein Brunnenlied

T: Rolf Krenzer, M: Martin Göth

Aus: Mose – Ein Musical zum Exodus

Ein Brunnen in der Wüste
macht die Wüste schön.
Sein Wasser hier
stärkt Mensch und Tier,
schenkt jedem, der erschlafft,
gleich wieder frische Kraft.

Ein Brunnen in der Wüste
macht die Wüste schön.
Es muss stets rein
sein Wasser sein,
dass morgen jeder dann

noch davon trinken kann.
Ein Brunnen in der Wüste
macht die Wüste schön.
Wer müd und matt
dann Wasser hat,
darf Gott, dem Herrn, allein
von Herzen dankbar sein.

Das Brunnenfest (Seite 242)

Zur Gestaltung sind im JB Möglichkeiten aufgezeigt. Das Brunnenlied kann von allen gemeinsam gesungen werden.

Gebildbrote zum Johannisfest Johannisküchlein (Seite 243)

Das Rezept ist im JB zu finden. Die Marmelade muss natürlich aus Johannisbeeren sein.

Johannisweibl (Seite 243)

Für die Kinder ist davon im JB erzählt. Hierzu noch einige Anmerkungen:
Das Johannisweibl hat sich durch das Brauchtum als Bild für die Frauen, die im 15./16. Jahrhundert als Hexen verbrannt wurden, erhalten. Alt war der Glaube an Frauen, die über außergewöhnliche Gaben verfügten. Im späten Mittelalter entstand dann die Vorstellung, dass sie einen Pakt mit dem Teufel hätten. Wohl aufgrund der biblischen Erzählung vom Sündenfall der ersten Menschen, besonders der Schilderung Evas, wurde der Frau unterstellt, dem Teufel leicht zu erliegen. Viele Frauen dieser Zeit waren kräuterkundig, quasi die Medizinerinnen der damaligen Menschen und besonders auch die Hebammen der Frauen. Sie kannten sich aus mit Schwangerschaft und Geburt, wahrscheinlich auch schon mit Schwangerschaftsverhütung. So gerieten sie auch in Verdacht, teuflische Fähigkeiten zu besitzen. Es kam zu einer systematischen, grausamen Hexenverfolgung. Ungezählte Frauen – die recherchierte Zahl schwankt von 100.000 bis in die Millionen – wurden in Europa umgebracht, bis der Jesuit Friedrich von Spee als erster 1631 gegen diese Prozesse erfolgreich vorging.
Das Andenken an diese Kräuterfrauen hat sich im Johannisbrauchtum erhalten. Junge Mädchen sammelten später weiterhin Kräuter, die in der Johannisnacht besonders heilkräftig sein sollten wie z.B. Kamille, Thymian, Beifuß, Johanniskraut und Bärlapp. Diese wurden wie auch am Fest *Maria Himmelfahrt* zu siebenerlei oder

neunerlei Kräutern mit Blumen zu einem Strauß gebunden, über die Tür oder ans Fenster gehängt oder auch unter das Kopfkissen gelegt. Es hat lange gedauert, bis wir heute die Kräuter in ihrer Wirksamkeit wieder entdeckt haben und z.B. auch ein Kräuterkissen wieder unter das Kopfkissen legen. Die Erinnerung an unsere ersten Kräuterfrauen mit dem Johannisweibl und den *Johannissträußen* (JB S. 245) sowie den *Kräuterbuschen* an Maria Himmelfahrt (JB S. 268) sollte lebendig bleiben.

Die Sprache der Tiere verstehen (Seite 246)

In der Vorstellung unserer Vorfahren war dieses sommerliche Hochfest angefüllt mit besonderen Kräften. Die Menschen fühlten sich der Natur besonders nahe. So glaubten sie auch, die Sprache der Tiere in der Johannisnacht zu verstehen. Davon erzählen die Geschichten und Gedichte. Sie machen uns bewusst, wie neu und aktuell dieses Johannis-Thema ist, in einer Zeit, in der um das ökonomisch-ökologische Gleichgewicht gerungen wird. Brauchtum ist dazu geeignet, die Verantwortung für das Leben wahrzunehmen. Es kann dazu inspirieren, diese kreativ in die Tat umzusetzen.

Kinder lieben Tiere. Viele haben ein Haustier:
- Von den Haustieren erzählen ...;
- welche Pflege sie brauchen ...;
- welche Rücksicht auf Nachbarn nötig sind, bei Hunden zum Beispiel ...;
- einen Bauernhof besuchen und dem Bauern zuschauen und zuhören ...;
- ein Gespräch darüber führen, was für Pflanzen und Tiere wichtig ist ...;
- in der Johannisnacht ein kleines besonderes Tier beobachten: den Johanniskäfer.

Johanniskäfer:
Ein bezaubernder Besucher stellt sich ein, wenn es am Johannisabend langsam dunkler wird: der Johanniskäfer oder auch Glühwürmchen genannt, weil er wie ein leuchtender Funke durch das Dunkel fliegt. In einer Legende wird erzählt, dass der kleine Käfer bei der Geburt Jesu dabei war und die frohe Botschaft den Tieren und Pflanzen bringen wollte. Ein Engel schenkte ihm einen Lichtfunken und heftete ihn zwischen seine Flügel. Seit dieser Zeit fliegt er in der Johannisnacht, um auf Jesus zu verweisen wie Johannes ja auch.

Fest Maria Heimsuchung

Marias großer Lobgesang – 2. Juli

(Seite 250)

Noch ganz in der Nähe des Johannisfestes feiern wir den Besuch der schwangeren Maria bei ihrer Cousine Elisabeth, die ebenfalls schwanger war und ihren Sohn Johannes erwartete. Von diesem Besuch ist den Kindern im JB erzählt. Im Mittelpunkt steht das Loblied Mariens, das Magnificat, (Mk 1,46–55) das für die Kinder nur in einem Ausschnitt vereinfacht nacherzählt ist.

Einige Anmerkungen zum Text des Magnificat:
Maria, erfüllt von ihrem Ja zu Gott, gibt nach prophetischer Art preis, was Gottes Geist in ihr bewegt. Eine Textstelle aus dem Alten Testament fällt dazu ein: »Und danach werde ich meine *ruah* ausgießen über alles Fleisch, und eure Söhne und Töchter werden weissagen.« (Joel 3,1). Hier kommt wieder die bewegende weibliche Kraft Gottes ins Spiel.
Maria singt prophetisch gewissermaßen ein Protestlied, welches das Programm ihres Sohnes anklingen lässt, den sie in ihrem Leib trägt. Sie singt von der von Gott gewollten sozialen Ordnung und Gerechtigkeit. Maria muss im tiefsten Grund ihres Wesens gespürt haben, dass Gott andere Maßstäbe setzt als die Menschen und sie Prophetin dessen ist, der alles in ein neues Licht rücken wird. Sie singt sein Lied der Befreiung von Unterdrückung jeglicher Art. Hier zeigt sich wieder die junge Frau wie bei der Verkündigung, die in der Lage ist, einen unmittelbaren Kontakt zu ihrem tiefsten Inneren und der göttlichen Gegenwart herzustellen: »Maria fordert im Magnificat nicht, sondern weist hin, tadelt nicht, sondern offenbart, verabsolutiert nicht, sondern bleibt offen, teilhabend an der Fülle des Seins, dem sie verbunden ist«, formuliert es die Theologin Catharina Halkes.[10] Da ist es nicht verwunderlich, dass Maria im Laufe der Zeit als die *Große Mutter*, dann auch als die *himmlische Mutter* gefeiert wurde. Es scheint, dass die Menschen seit alters her, wie dann auch die Christen der frühen Christenheit auf der Suche nach dem weiblichen Antlitz Gottes waren.
Marias Loblied bleibt aktuell. Für die Völker Lateinamerikas z.B. ist sie die himmlische Mutter, deren Schutz sie sich anvertrauen und die ihnen den Mut gibt, gegen Unterdrückung aufzustehen: »Maria sang für die Zukunft, glaube ich, denn wir fangen erst an, diese Befreiung zu sehen, die sie angekündigt hat«, so eine Stimme aus Nicaragua.

Was dieses Fest Kindern erzählt
Nach dem Erzählen des ersten Textes das Bild S. 251 anschauen: Maria besucht Elisabeth.
Vorbemerkung:
Zunächst einige Aspekte zur Symbolik der Farben:

Grün: Farbe des Wachsens, der Pflanzen, der Erwartung kommender Ernten, so ein Zeichen der Hoffnung: Maria im grünen Kleid ist in die grüne Vegetation eingebunden, in ihr wächst das Kind der Hoffnung. Interessant ist, dass in der ostkirchlichen Ikonenmalerei Maria meist in grünem Gewand dargestellt ist im Gegensatz zu unserer westlichen Ikonographie;

Blau: Farbe des Himmels, so auch des Himmlischen, die reinste und tiefste Farbe, auch Farbe der Treue: Elisabeth so im Kleid der tiefen Verbundenheit zu Maria und ihrem Lobpreis;

Rot: Farbe des lebendigen Blutes, Zeichen für Liebe, Leben, geistige Energie und Kraft;
Maria und Elisabeth sind umfangen von grün und rot bis zu den roten Blüten, die zum Himmel wachsen wollen. In der jungen Frau Maria, die später *Gottesgebärerin* genannt wird, verbinden sich so Erde und Himmel;

Orange: *aus rot und gelb gemischt:* auch Farbe der Sonne, der Wärme und Freude, Zeichen für Leben, für Christus wie für Aktivität und Lebenslust; diese sonnenwarme Fröhlichkeit spiegelt sich wie Sonnenschein in den Gesichtern der beiden Frauen. Selbstverständlich war alles das der kleinen Malerin nicht bewusst. Aber welche unbewussten seelischen Kräfte haben ein solches Bild entstehen lassen!

Mit den Kindern das Bild anschauen:
- die Freude des Wiedersehens, was die beiden sich vielleicht erzählen von ihren Babys, die sie in ihrem Bauch tragen ..., die Farben anschauen ...;
- mit älteren Kindern die Liedstrophe aus Marias Loblied lesen und überlegen, was Gott von uns Menschen erwartet (... einige Aspekte sind für die Kinder angefügt ...);
- Maria und Elisabeth malen: die Jüngeren mit Wachsmalstiften, die Größeren mit Wasserfarben (leuchtende Farben, damit alle sehen, wie die beiden sich freuen ...);
- den bekannten Kanon: *Lasset uns gemeinsam* ... singen und tanzen.

Der Sommer entlässt Kinder und Erwachsene allmählich in die Ferienzeit.

Sommerzeit – Ferienzeit

Diese Zeit gehört den Familien. Geschichten, Gedichte und viele Impulse zu Ferienaktivitäten sind im Jahresbuch zu finden. Außerdem die letzten Festtage der Sommerzeit:

Maria Magdalena – 22. Juli

(Seite 252)

Von der Ostergeschichte her ist Maria Magdalena als eine führende Frauengestalt im Freundeskreis Jesu bekannt. Ihre Spur verliert sich, zumal von den Jüngern die Zahl der Nachfolger Jesu auf 12 Männer als Zeichen für die 12 Stämme Israels festgelegt wurde. Aber das Interesse für die treue Begleiterin Jesu ist gerade in unserer Zeit wieder gewachsen, für die Frau, die von ihm am Ostermorgen einen eindeutigen Auftrag erhielt (im JB S. 176). Deshalb sollten wir den Kindern von dieser großen starken Frau erzählen.

Christophorus – Die ganze Welt auf seinen Schultern

(Seite 254)

Christophorus ist ein beliebter Volksheiliger, als Symbolgestalt für das *Hol über,* Schutzpatron der modernen Fahrer von Verkehrsmitteln, z.B. Auto- und Motorradfahrer.
Als legendäre Gestalt ist er nicht mehr als Heiliger der katholischen Kirche anerkannt. Die Legende ist eine wunderbare Symbolgeschichte:

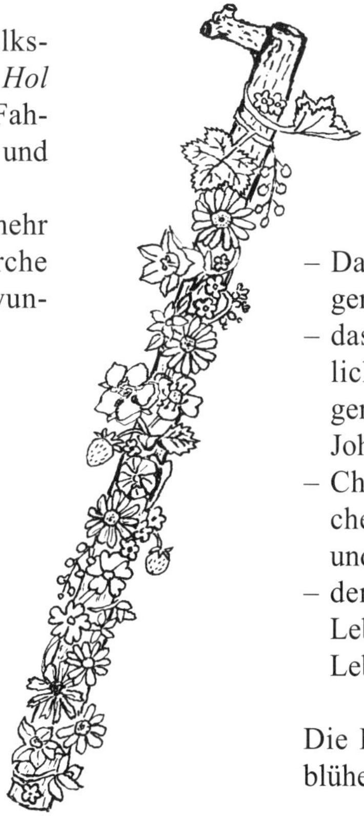

- Das Kind als Symbol alles Bedürftigen, Hilflosen und Schwachen;
- das Wasser als Symbol des Bedrohlichen und Verschlingenden im Gegensatz zum heilenden Wasser in der Johannisnacht;
- Christophorus als Symbol des Suchenden, Dienenden, Leidtragenden und Rettenden;
- der blühende Stab als Symbol des Lebens, jeder Mensch braucht seinen Lebensstab;

Die Kinder können einen grünenden, blühenden Christophorusstab gestalten.

Das Kirschenfest

(Seite 256)

Der Leitgedanke dieser Erzählung ist: das Kleine und Wehrlose überwältigt das Große und Mächtige anders als mit Waffen und schafft Frieden. Als Schlussforderung der Geschichte wird im JB zu einem Friedenfest angeregt.

Laurentius – Ein Freund der Verfolgten

(Seite 264–266)

Die Legende erzählt von einem mutigen jungen Christen, der im Untergrund zur Zeit der Christenverfolgung lebte; der tröstete und Mut machte, überall den Verfolgten half, bis er selbst aufgespürt wurde und für seinen Glauben sterben musste. Die Menschen haben sein Andenken bewahrt. Davon erzählen die Sternschnuppen im August.
Vorschläge für ein Kinderfest unter dem Sternenhimmel JB in S. 265.

Fest Maria Himmelfahrt – 15. August

Einführung

(Seite 268)

Die Geschichte des Festes beginnt mit der Ungewissheit über Marias Tod. Es gibt keine biblischen Aufzeichnungen darüber. Auch die Kirchenväter in den ersten christlichen Jahrhunderten schweigen sich aus. So führte das Schweigen der Geschichte zum Erzählen von Geschichten, zur Legendenbildung. Eine erzählt davon, wie Freunde Marias ihr Grab öffneten, ihren Leichnam jedoch nicht fanden. Das Grab aber war erfüllt von wunderbarem Duft vieler Kräuter und Blumen. Andere Geschichten bildeten sich dann über die Himmelfahrt Mariens.

Seit dem 5. Jahrhundert ist ein Tag der *Gottesmutter* am 15. August in Jerusalem bekannt, in Rom seit Mitte des 7. Jahrhunderts als Fest der *Aufnahme Mariens*, ebenfalls am 15. August. Dieser Tag war im heidnischen Rom einer Muttergöttin geweiht. Können wir aus dieser Tatsache nicht auch wiederum schließen, dass die Sehnsucht nach den weiblichen Seiten Gottes immer lebendig war und Ausdruck suchte? Wen wundert es, dass Maria in der Volksfrömmigkeit der folgenden Jahrhunderte immer mehr als Himmelskönigin in unmittelbarer Nähe Gottes angerufen und verehrt wurde. Es sind uralte Symbole in diese Verehrung eingeflossen. »Theologisch gesprochen wird sie zum Symbol für ein ganzheitliches Menschen- und Gottesbild« [10]. 1863 bat die spanische Königin Isabella den Papst um eine lehramtliche Verkündigung der leiblichen Aufnahme Mariens in den Himmel. Am 1. 11. 1950 war es dann so weit: Papst Pius XII. verkündigte das Dogma von der leibseelischen Aufnahme Marias in den Himmel.
»Spätestens seit der Lehre von der Aufnahme Marias in den Himmel sollte den Gläubigen klar und zugänglich sein, was die Bibel seit Jahrtausenden lehrt: Dass Gott nicht nur männlich und herrlich oder gar schrecklich ist, sondern auch mütterlich, fürsorglich, erbarmend und gütig. Der Gott der Bibel wird mit männlichen und weiblichen/fraulichen Zügen ausgestattet. Die Geschichte des Christentums verzeichnete ihn jedoch oft als einseitig männlich, hart, streng, gerecht ... Wie notwendig, das zu korrigieren, die bergende, liebend-verstehende, schützende und tröstende Seite (neu) zu beleben – für katholische Christen ›personifiziert‹ in Maria, für andere ›symbolisiert‹ in ihr und unbedingt und untrennbar zur Vielseitigkeit Gottes gehörig!« [11]

Zum Brauchtum (Seite 268–273)

Maria wurde schon früh in Sinnbildern verehrt: *als Blume des Feldes, als Rose ohne Dornen, als Lilie in den Tälern* oder *als Hüterin des Blühens und Reifens, als heiliger Acker, der uns solch wunderbare Frucht brachte, oder als Kornmutter und Traubenmadonna*. Wen wundert es, dass dieses Marienfest mitten im Sommer zu einem Marien-Kräuterfest wurde, das auch noch andere Namen bekam, z.B. *Büschelfrauentag* oder *Würzweihe*. Dabei vermischte sich hier Heidnisches und Christliches: Bei den Germanen und Kelten sammelten vor allem Frauen die Kräuter. Sie waren kundig und kannten die Heilkräfte der einzelnen Pflanzen wie auch ihre Gifte, wie es schon beim Johannisfest aufgezeigt ist. Sie konnten manche Krankheit bessern oder sogar heilen. Wissen und Rezepte vererbten sich von Generation zu Generation. Viel altes heidnisches Erfahrungswissen ist gottlob bei der Christianisierung erhalten geblieben, besonders auch der dankbare und ehrfürchtige Umgang mit den Kräutern.
Das Bewusstsein für die Natur und für die Naturheilkunde ist heute wieder gewachsen, sodass auch diesem zweiten Kräuterfest im Sommer eine große Bedeutung zukommt.
Die Kräuterweihe an diesem Tag ist deutschen Ursprungs. Die Zusammensetzung des Kräuterstraußes oder Kräuterbuschen ist landschaftlich unterschiedlich. Die Zahl der im Buschen gebundenen Kräuter ist immer eine heilige Zahl gewesen: sieben z.B. oder neun: drei x drei.
Nach der Segnung der Kräuter im Gottesdienst wurden sie als Heiltee bereitet, im Strauß an die Tür gehängt oder hinter ein Kreuz im Zimmer gesteckt. Bei Gewitter und in den weihnachtlichen Rauchnächten (JB S. 61) ging die Mutter betend mit dem Strauß durch das Haus. Auch dem Vieh wurden Kräuter unter das Futter ge-

mischt. Wenn wir an die heutigen Futtermittel denken und was darunter gemischt wird, sollten wir uns darauf besinnen, wie wichtig es ist, solche Jahresbräuche wieder lebendig werden zu lassen und ihre Bedeutung in die Tat umzusetzen, damit die Verantwortung des Menschen für Mensch und Tier bewusst bleibt.

Neunerlei Kräuter (Seite 270–273)

Es ist Ferienzeit. Da können alle in der Familie auf Kräutersuche gehen.

In Versform sind hier neun Kräuter vorgestellt und verschiedene Aktivitäten:
- die Kräuter anhand der Abbildungen in der Natur suchen, pflücken und trocknen;
- aus getrockneten Kräutern Tee zubereiten und gemeinsam trinken.
- ein Kräuterbilderbuch gestalten;
- ein Kräutergärtlein anlegen und pflegen

Ein Kräuterbrot backen (Seite 272)

Wenn Kinder beim Backen mitmachen dürfen, entsteht in ihnen ein ganz anderes Verhältnis zum Brot als beim Kauf im Supermarkt. Wenn es dann am Festtag aufgeschnitten wird, nur mit Butter bestrichen, werden sie den Brot- und Kräutergeschmack kosten können und es kann eine wahre Brotzeit gefeiert werden.

Gebet zum Kräuterfest (Seite 273)

Dieses Dankgebet kann die Brotzeit eröffnen oder auch beschließen.

Alles hat seinen Platz (Seite 273)

Die Kinder lernen Franz von Assisi in diesem kurzen Text als Schutzpatron der Pflanzen und Bäume kennen. Im Herbstkapitel wird er den Kindern in einem Lebensbild vorgestellt.

Erntedank

Viel hat uns das Jahr geschenkt

Der Herbst beginnt

Einführung (Seite 277)

Die Natur hat sich inzwischen wie mit einem kunterbunten Abschiedsstrauß geschmückt und einem reichen Gabenteller dazu, um uns nach der Lichtfülle des Sommers langsam in eine dunklere Zeit zu geleiten: es ist Herbst geworden. Wenn die Tage nach der Tag- und Nachtgleiche am 23. September immer kürzer und im Spätherbst dann die Nebel dichter werden, merken wir, dass die dunkle Jahreszeit begonnen hat.

Seit Beginn des Ackerbaus haben die Menschen aller Religionen die Herbstzeit zum Anlass genommen, für die Schöpfung und ihre Gaben zu danken. Sie waren voller Glück, wenn ihnen Sommer und Herbst reiche Ernten gebracht hatten, garantierten sie doch ihre Lebensmöglichkeiten. Kultische Dankesfeste für die Ernte wurden so gefeiert, um den Gottheiten mit Opfergaben zu danken und sie gleichzeitig günstig zu stimmen. In der Bibel lesen wir, dass auch im Judentum drei Dankesfeste, nämlich für Gerste, Weizen und Wein gefeiert wurden. Das Pfingstereignis ereignete sich z.B. beim jüdischen Wochenfest zum Abschluss der Erntezeit.

Auch in unserem Land hat das Erntedankfest eine lange Tradition. Schon früh wurde im Frühjahr und Sommer, besonders bei Bittprozessionen, um eine gute Ernte gebetet und im Herbst dafür gedankt. Es entwickelte sich ein reiches Brauchtum, das auch von einer Solidarität gegenüber den Armen geprägt war. Aber erst heute haben wir einen festen Termin für das große Erntedankfest, der erste Sonntag im Oktober. Im JB ist den Kindern S. 292–293 davon erzählt.

In der heutigen Zeit wandelt sich dieses Fest. Im Zeitalter von Traktoren, Mähdreschern, Melkmaschinen, sterbenden Bauernhöfen, Massentierhaltungen und Importen aus aller Welt ist vom alten Brauchtum nicht viel übrig geblieben, weil es teilweise nicht mehr im Leben der Menschen nachvollziehbar ist. Doch die Nahrungsmittelkatastrophen unserer Tage machen deutlich, dass es gerade auch für unsere Kinder wichtig ist, Naturerfahrungen machen zu können, damit sie Verantwortung für unsere Schöpfung lernen. Dabei geht es nicht zuletzt um die Sicherung ihrer Lebensmöglichkeiten in der Zukunft.

Erntedank bedeutet auch, für die Früchte unserer täglichen Arbeit zu danken: auch dem sollte ein Erntedankfest Ausdruck geben. Da könnte z.B. im Erntedankgottesdienst ein vom Schreiner gefertigter Tisch stehen, darauf ein Obst- und Gemüsekorb, die Brieftasche des Briefträgers oder ein industriell hergestellter Gegenstand, nicht zu vergessen ein Schulheft oder ein Buch.

Goldene Welt (Seite 278)

Kinder lieben den Herbst und laufen mit dem Wind um die Wette. Das Gedicht erzählt von seinem Treiben:
- Bei einem Spaziergang beobachten, was die Sonne alles golden anmalt (Fensterscheiben, Birnen, Äpfel, Dächer, Blumen ...);
- bei starkem Wind nach Möglichkeit einen Apfelbaum beobachten (wie die Zweige sich biegen, die reifen Äpfel schaukeln, einige abfallen ...);
- die heruntergefallenen Äpfel aufheben, anschauen (Farbe, Größe ...);

– an ihnen schnuppern; die Schale ertasten, besonders auch die Fallstellen;
– den Baum umarmen, seine Rinde streicheln und ihm *Danke schön* für seine Früchte sagen;
– wenn es geht, einige Äpfel mitnehmen, sie kosten und genießen;
– das Gedicht den Kindern so vortragen, dass sie durch den Text ihre Erlebnisse nachempfinden können;
– heraushören, wie der Dichter mit Wörtern malt und so sein Danke sagt.

Herbstwerkstatt und Bunte Blätter (Seite 278–279)

Im JB sind viele Gestaltungsvorschläge zum Thema gemacht.

Kiepenmann und Kiepenfrau (Seite 280) Apfelringe, Birnenschnitz und Schrumpelpflaumen (Seite 282)

Was es alles bei einem Herbst-Spaziergang zu entdecken gibt, und was man damit anfangen kann, davon erzählen diese Seiten.

Kastaniens Herbstbitte (Seite 281)

Wer sammelt nicht gerne Kastanien. Der Kastanienbaum ist so freigiebig. Aber er hat eine große Bitte an die Kinder: ein Gedicht für alle Altersstufen.

Fleißige Sammler (Seite 283)

Nicht nur wir Menschen sammeln im Herbst. Die Tiere müssen sich mit Vorräten für den Winter eindecken. Als Beispiel wird in diesem Gedicht das von Jung und Alt geliebte Eichhörnchen vorgestellt:
– wenn möglich, Eichhörnchen beobachten ...;
– die Kinder erzählen, was sie alles über Eichhörnchen wissen ...;
– dann erst das Gedicht vorlesen ...;
– was wir im Gedicht alles erfahren (das Eichhörnchen ist flink, was es gerne sammelt, es muss mit anderen Tieren teilen ...);

Reisefieber (Seite 284)

Der Wind spielt nicht nur mit Blättern, Wolken und Drachen, er jagt auch die Vögel durch die Luft. Viele von ihnen bekommen jetzt Reisefieber:
– Die Vogelschwärme beobachten (in kleinen oder großen Scharen, geordnet oder in wimmelnden Haufen, wo sie rasten, wie sie sich verständigen ...);
– den Vogelflug als Fensterbild gestalten.

Wofür ich danken kann (Seite 284)

Dieses Gebet thematisiert die angesprochenen Gaben des Herbstes und kann auch von jüngeren Kindern so unmittelbar nachempfunden werden:

- Nach den ersten beiden Zeilen ergänzen die Kinder, wofür sie selbst danken wollen ...;
- den Abschluss bilden die letzten beiden Zeilen;
- beim nächsten Mal wird das ganze Gebet gesprochen;
- zur Vertiefung ein Mandala aus kleinen Früchten und Körnern legen, als Kreismitte z.B. ein rundes Brot legen. Sich zu Beginn am Morgen um das Mandala sammeln und eine Bitte oder einen Dank sprechen.

Gott gibt viele Gaben (Seite 295)

Für ältere Kinder:
Rudolf Otto Wiemer formuliert in diesem Gedicht den großen Dank für den Kosmos, die Erde, die Früchte der Erde, des menschlichen Geistes und menschlicher Arbeit. Die bildhafte, einfache Sprache erschließt sich den Kindern leicht. Die Illustration bietet sich zum Gesprächseinstieg an.

Vertiefung:
- zu je vier Kindern eine Papiercollage zum Gedicht gestalten und nachher vergleichen.

Lied: Erde, die uns dies gebracht (Seite 296)

- zwei Kindergruppen bilden: eine *Erde-Gruppe*, jedes Kind hat ein Schälchen Erde in den Händen, und *eine Sonnengruppe*, jedes Kind trägt eine gebastelte oder gemalte Sonne in den Händen;
- die restlichen Kinder haben je eine Gabe des Herbstes in der Hand: Apfel, Nüsse usw., die sie nacheinander vorzeigen und dabei sprechen z.B. »Ich danke für den Apfel« ...;
- danach hebt die Erde-Gruppe die Schälchen hoch und singt die erste Zeile, darauf folgt die Sonnengruppe mit dem zweiten Vers und hebt dabei die Sonne hoch, dann abwechselnd: *Liebe Sonne* und *Liebe Erde*, dann beide zusammen *euer nicht vergessen werde*.

Zu den Geschichten

Kartoffeln hin, Kartoffeln her (Seite 297–298)
Traubenernte (Seite 296)

Zwei Geschichten erzählen von interessanten Erlebnissen bei der Ernte: bei der Traubenernte im Weinberg des Onkels und bei der Kartoffelernte auf einem Bauernhof. Wo es noch möglich ist, sollten Kinder bei der Ernte helfen dürfen, damit sie einerseits mit der Mühe vertraut werden und andererseits Erfahrungen machen mit der Erde und ihren Früchten:

- ein kleines Kartoffelfeuer kann man auch im Garten oder auf einem Hof entzünden. Dafür braucht man kein Kartoffelkraut. Es ist durch trockenes Reisig und Laub zu ersetzen. Dann geht es los wie in der Geschichte. Vorsicht vor den heißen Kartoffeln!
  Zum Schluss noch ein *Kartoffelwettlauf*: Alle, die mitspielen, bekommen einen Löffel und darauf eine Kartoffel. Wer kommt am Ziel zuerst an, ohne dass die Kartoffel herunterfällt?

Schon immer war die Traube, aus der Wein gepresst wird, ein Sinnbild für Freude. (Vergleiche hierzu auch Gründonnerstag, AH Seite 73). Bei einer Weinlese oder in der Erzählung erfahren die Kinder, wie die Trauben, die am Rebstock gewachsen, sorgsam gehütet und mit Dank geerntet werden, dann in der Kelter gepresst werden, um als köstlicher Saft herauszufließen. Die Kinder erfahren wieder: die Dinge wandeln sich, um Neues hervorzubringen:

- Wenn kein Winzer in der Nähe wohnt, auf dem Markt helle und dunkle Trauben kaufen, die volle Traube in der Hand halten, daran riechen, mit den Fingern über die einzelnen Trauben fühlen, eine abpflücken und probieren, die Trauben vorsichtig abspülen und in einer Saftpresse oder einem Entsafter zerdrücken und sehen, wie der Saft entsteht.
- ein fröhliches Safttrinken lässt die Kinder schmecken und genießen.

Auf dem Schulhof
X-Ypsilon (Seite 298–299)
Kinderküche in Lima (Seite 300)

Das Sinnbild Brot hat uns schon durch das ganze Jahr begleitet. Beim Erntedankfest scheint es wieder auf als ein starkes Bild für *Wandlung* wie für *Hunger* und *Sattwerden*.
Vielen Kindern ist heute kaum noch der Prozess des Heranwachsens und Reifens, der Ernte und Verarbeitung unserer Lebensmittel bekannt. Sie kennen oft nur das fertige Produkt auf der Theke oder im Regal. In der ersten Geschichte ist deshalb eine alltägliche Situation thematisiert: Das Wegwerfen vom Pausenbrot. Eine Lehrerin konfrontiert die Kinder nun: wie aus kleinen Samenkörnern durch Erde, Wasser, Sonne, Wind und die Arbeit vieler ein Brot geworden ist, das Hunger stillen will, aber hier in Sekundenschnelle in die Mülltonne fliegt. Die Geschichte konfrontiert auch mit der Tatsache, dass es unzählige Menschen in unserer Welt gibt, die mit einem solchen Pausenbrot ihren Hunger stillen könnten.
Von solchen Menschen ist in der zweiten Geschichte erzählt, erzählt von einer jungen Frau, die sich am Ort des Hungers persönlich engagiert und ein Jahr mit den Menschen dort geteilt hat, sodass heute *ihre Kinder* wenigstens eine *warme Mahlzeit am Tag mit einem Stück Brot* bekommen.
Schulkinder in Worms lassen sich mit ihren Eltern und Lehrerinnen und Lehrer eine Menge an Ideen einfallen, um die Kinderküche in Lima zu unterstützen. Für Kinder ist besonders auch der Aspekt wichtig, dass Geben und Danken nicht einseitig sind.

Zu der ersten Geschichte:

- Eine fortlaufende Bildgeschichte in Gruppen gestalten *Vom Korn zum Brot*;
- ein Gespräch kann das Thema vertiefen und zur zweiten überleiten: *wie* wir mit anderen teilen können.

Unser tägliches Brot gib uns heute (Seite 299)

Dieses Gebet ist durch die beiden Geschichten vorbereitet. Es bringt ins Gebet, dass Danken auch bedeutet, Verantwortung zu übernehmen für die, die kaum etwas zu danken haben.

Engelfest – 29. September

Einführung (Seite 285)

Ende September, zum Ende der Erntezeit, wurde seit dem 5. Jahrhundert das Fest Sankt Michael gefeiert, bis 1969 am 24. Oktober das Fest des Engels Raphael, am 25. März das Fest der Verkündigung durch den Engel Gabriel. Heute wird dieser drei Engel gemeinsam am 29. September gedacht. Der Engel Gabriel ist den Kindern schon vom Fest Mariä Verkündigung her vertraut. Seit alters her wird außerdem am 2. Oktober das Schutzengelfest gefeiert. Es ist sicher sinnvoll, mit Kindern auch einzelne Engeltage zu gestalten.

Wie kommen die Engel ins jährliche Brauchtum? Gibt es überhaupt Engel und wer sind sie? Noch vor etlichen Jahren hätte eine solche Frage nur ein müdes Lächeln hervorgelockt. Aber heute sieht das ganz anders aus. Die Menschen fragen wieder nach Engeln oder berichten von Erfahrungen mit Engeln. Das Gespür für eine übersinnliche Dimension ist gewachsen.

Am vertrautesten ist den Menschen auch heute noch der Schutzengel. Besonders der Gedanke, dass das Kind begleitet ist, wohin der elterliche Schutz nicht reicht, das gibt Zuversicht. Beim Evangelisten Matthäus finden wir das bestätigt. Wir lesen, wie Jesus genau davon spricht: »Ich sage euch: Ihre Engel sind immerwährend bei Gott, meinem Vater ... Er will nicht, dass auch nur eines von diesen Kleinen verloren geht«.

Die damaligen Menschen verstanden, was Jesus ihnen sagte. Ihnen waren die Engel vertraut. Sie rechneten mit ihnen in ihrem Leben: Die Engel kamen für sie aus Gottes Nähe, mit einer Botschaft, als Beschützer, als Heilbringer, als Mahner. Viele Geschichten in der Bibel erzählen davon. Einige Begegnungen mit einem Engel versetzten die Menschen in Schrecken, Maria zum Beispiel, als der Engel Gabriel bei ihr erschien, auch Josef und die Hirten auf dem Feld bei Bethlehem. Die Engel mussten die Menschen beruhigen: »Fürchtet euch nicht«. Von Jesus lesen wir, wie ein Engel ihn in seinen Ängsten auf dem Ölberg tröstet und stärkt.

Das Wort *Engel* kommt aus der griechischen Sprache: angelos, und heißt übersetzt der Bote. Einige Engel tragen in der Bibel Namen: z.B. Raphael, das heißt: *Gott hat geheilt* oder Gabriel, das heißt: *Gott ist stark* oder Michael, das heißt: *Wer ist wie Gott?* In diesen Geschichten erfahren wir somit die *Engel als ein Symbol der Gegenwart Gottes*. Sie sind ein unübersehbares Zeichen, dass wir Menschen nicht allein sind, sondern eingebunden in den Heilsplan Gottes und er uns Botschaften schickt, die sehr unterschiedlich sind wie die Engel, die sie vermitteln. Wenn wir bei diesen biblischen Geschichten genauer hinschauen, stellen wir fest, da kommen oft Menschen zu Menschen. Diese fragen hinterher: »Kann das ein Engel gewesen sein«? Engel begegnen den Menschen meist in ihrem Alltag, bei ihrer Arbeit oder zu Hause. Oder sie erscheinen im Traum wie bei Joseph, als er die Weisung erhält, mit Maria und dem Kind zu fliehen. Ein anderer hört eine Stimme in seinem Inneren, die ihn ruft. Das sind Erfahrungen, von denen auch heute Menschen berichten und überzeugt sind, dass es Engelerfahrungen sind.

Zu den Engelgeschichten

Die Engelsleiter (Seite 285)

Die Erzählung ist eine Traumgeschichte. Jakob ist auf der Flucht vor seinem Bruder, den er geprellt hat. Der erste Abend bereitet ihm Ängste. In der Nacht träumt er buchstäblich den offenen Himmel. Eine Leiter, auf der die Engel auf- und niedersteigen, verbindet Himmel und Erde. Im Traum hört er die Stimme Gottes, die ihm Schutz zusichert. Am Morgen danach ist Jakob tief erschüttert. Jakob hatte erfahren: Das Leben ist wie eine Leiter, die man hinauf- und hinabsteigt. Das Leben hat Höhen und Tiefen zwischen Himmel und Erde. Aber jedes Verfehlen kann gut gemacht werden. Gott ist auch dann treu, wenn der Mensch fehlt. Er verlässt den Menschen nicht. Jakob gab dem Ort einen Namen: Haus Gottes.
Für Kinder ist es unter dem Aspekt des Behütens und Begleitens eine regelrechte Schutzengelgeschichte:

- Über Jakobs Angst und seinen Engeltraum sprechen ... in der Angst spürt er Gottes Hilfe.;
- eigene Erlebnisse austauschen über Angst und behütet werden ...;
- die Engelsleiter malen ...;
- verschiedene Bilder von Engeln mitbringen und vergleichen, Lieblingsdarstellung auswählen lassen ...;
- Äußerungen der älteren Kinder, was ihnen an der Engeldarstellung gefällt ...;
- wie Menschen sich die Engel immer unterschiedlich vorstellen ...;
- Karten oder Andachtsbilder zu einem großen Engelbild zusammenstellen und aufkleben.

So kannst du beten (Seite 291)

Die Kinder in einem Stuhlkreis um eine brennende Kerze in eine Stilleübung führen. Dann das Engel-Gebet langsam in Sinneinheiten mit kurzen Besinnungspausen sprechen. Die älteren Kinder können es auf eine Karte schreiben und illustrieren.

Bleibt bei mir (Seite 290)

- Anschauen der Engeldarstellung (Flügel als Zeichen, dass Engel aus Gottes Welt kommen, unscharfe Gestalt als Zeichen, dass Engel unterschiedlich erfahren werden);
- ihre Gestalt ist unscharf: ihre Gestalt ist nicht wichtig, Engel werden unterschiedlich erfahren, was sie uns mitteilen ist wichtig, dass sie um uns sind ...;
- Hineinhören in den Text (in der Bibel ist von Engelchören erzählt, die Loblieder singen ...; dieses schöne Bild war für den Musiker Johann Sebastian Bach wichtig ...);
- nach der Betrachtung Musik von J.S. Bach hören und den Gebetstext dazu sprechen.

Was Jesus die Angst nimmt (Seite 290)

Auch Jesus hatte Angst, damals, als die Soldaten nahten. In dieser Situation waren die schlafenden Freunde ihm keine Engel. Wir erfahren, wie Jesus im Gebet ein Engel erscheint, der ihm Kraft schenkt.
Wir lernen von Jesus:

- im Gebet ist ein Engel um uns ...;
- wenn ich Angst habe, kann ich meinen Schutzengel um seine Nähe und Hilfe bitten.

Vielleicht so:
Mein Schutzengel, sei immer bei mir!

Lieber Engel, ich kann gut schlafen,
weil du um mich bist!

Gott, es ist schön, dass ich immer
einen Freund habe, meinen Engel.
Dafür danke ich.

Guter Engel, gib mir Mut!

Die unbekannten Gäste (Seite 289)
Jederzeit ein Engel sein (Seite 289)

Die kinderlosen Abraham und Sara waren ausersehen, Stammeltern Israels zu werden:
Sie bekommen Besuch von drei fremden Männern und bewirten sie freundlich. Beim Abschied teilen die Fremden ihnen eine wichtige Botschaft mit. In ihrem Herzen fühlen Abraham und Sara, dass Gott zu ihnen spricht. Da wussten sie, dass die fremden Männer Engel Gottes waren. Nach jüdischer Tradition sollen es die Engel Rafael, Michael und Gabriel gewesen sein. Die Erzählung zeigt auf, dass der Engel Gottes oft als Mensch erscheint. In dieser Erfahrung gründet sich auch die Gastfreundschaft vieler Generationen.

Gesprächsaspekte: Bedeutung der Gastfreundschaft: Fremde als Gäste in der Familie sind oft wertvoll – wir lernen Neues kennen, sie können auch Boten Gottes sein. Dabei muss berücksichtigt werden, dass Kinder heute Fremden nicht blindlings vertrauen können.

Das Gedicht *Jederzeit ein Engel sein* führt diesen Gedanken anschaulich weiter: Jeder kann für jeden ein Engel sein.
Wie – das finden Kinder gerne konkret heraus.

Engel ohne Flügel? (Seite 288)

Die kleine Anke will es genau wissen. In dem Gespräch zwischen ihr und dem Großvater kommen die verschiedenen Aspekte noch einmal kindgemäß zur Sprache.

Tag des heiligen Michael (Seite 291)

Michael, der in der Offenbarung den bösen Engel, den Teufel in der Gestalt des Drachen besiegte, wurde seit altersher als ein Engelsfürst hoch verehrt. Er wird von den Menschen um Hilfe gebeten, das Gute vom Bösen zu unterscheiden. Dabei geht es nicht darum, das Böse zu unterdrücken und abzutrennen, sondern es umzuwandeln in das Gute und es so zu heilen: ein Not wendender Vorgang, den wir heute aus der Therapie kennen. So ist Michael ein *Symbol der Unterscheidung*. Es wundert nicht, dass der Michaelskult sich nicht nur in der jüdischen und christlichen Kultur findet, sondern in vielen religiösen Überlieferungen und Kulturen.

Sinnbild Drachen:
»Merkwürdig genug – viele Völker, vor allem in Asien und Europa, waren seit frühester Zeit fest davon überzeugt, dass es Drachen gibt. Und weil man die Drachen für sehr alte, weise und mächtige Tiere hielt, die leicht verärgert werden können und dann entsetzliches Unheil anrichten, haben die Menschen einander von ihnen berichtet und ihre Erfahrungen ausgetauscht. So sind sich die Drachenvorstellungen im Laufe der Zeit immer ähnlicher geworden. Allerdings gab es lange Zeit keine gemeinsame Bezeichnung für diese Wesen.
Den Namen haben erst die Griechen erfunden. Unser Wort *Drachen* kommt vom griechischen Wort *dracon*, damit ist eine große scharfsichtige Schlange gemeint.« [12]

In der Bibel finden sich viele Texte, in denen von Drachen erzählt wird. Lange Zeit war man überzeugt, dass es wirklich Drachen gibt. Später wurde der Drachen dann ein Symbol für den Teufel, für das Böse.
Drachen sind Fantasiegebilde, eine Zusammensetzung von Schlangenkörper, Krokodil und anderen Seeungeheuern mit Flügeln, Krallen, geschupptem Rücken und meist aufgerissenem Rachen, aus dem Feuer sprüht. Drachen haben mit dem Feuer, dem Wasser, der Luft und der Erde zu tun. Sie bewohnen Höhlen, fliegen durch die Luft, schwimmen und speien Feuer. Sie gleichen unseren Naturkräften.
In der Bibel bezeichnet nun der Drachen meist – wie später auch im Christentum – den Teufel und das Böse. Oft wird der Drachen auch mit der Schlange gleichgesetzt und abwechselnd gebraucht. Da das Sinnbild der Schlange aber viel differenzierter ist und auch besonders durch ihre Häutung als ein positives Sinnbild des Lebens gilt, muss das hier ausgeklammert bleiben.
Kinder lieben Drachen – auch das herbstliche Drachensteigen kündet davon. Von Drachenspielen sind sie begeistert und Erzählungen rund um einen Drachen kommen immer an. Hängt es mit den Urkräften zusammen, die sie sich ersehnen? Ist es das Unheimliche, das nicht Gebändigte, ja manchmal Bösartige, mit dem sie sich auf kreative Weise auseinander setzen können, ohne gleich als kleine Sünder dazustehen? Die Gestalt des Engels Michael sollte ihnen als Helfer, die Dinge unterscheiden zu lernen und ins *richtige Lot* zu setzen, vertraut werden:

Gestaltungsmöglichkeiten:
- Einen *Wunschdrachen* aus Knetmasse basteln und bemalen ...;
- einen *Mülldrachen* aus Abfallmaterial gestalten ...;
- meinen *Hausdrachen*, der auf mich aufpasst, aus Schachteln, Klorollen, Eierkartons u.a. basteln und bemalen ...;

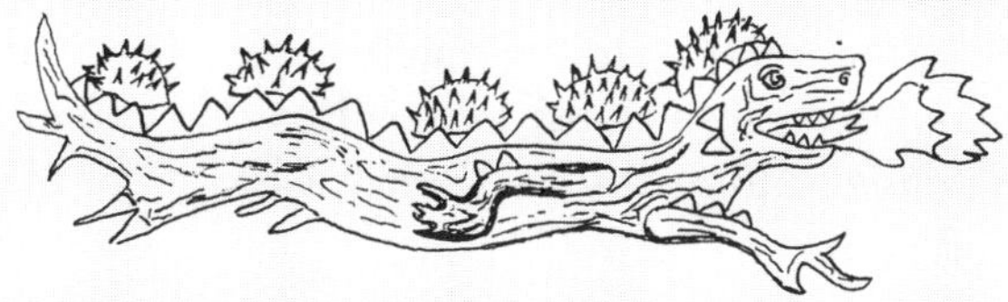

Bastelanleitung: Drachen

Suche dir ein seltsam geformtes Wurzelstück oder einen gewundenen Ast.
Daraus kann bald ein Drachen entstehen.
Forme aus Efaplast Zacken für den Rücken.
Damit die Zacken gut sitzen, muss die Masse an das Holz angedrückt und verstrichen werden.
Lasse die Zacken trocknen und male sie an.
Am Drachenmaul kannst du spitze Zähne aus weißem Fotokarton befestigen.
Die Zunge kannst du aus rotem Filz herstellen
und die Feuerflamme aus zusammengeknülltem Krepppapier.
Auf den Drachenrücken kannst du stachelige Kastanienhüllen feststecken.
So kann der böse Drachen aussehen.
Um ihn in einen guten Drachen zu verwandeln,
kannst du die stacheligen Kastanienhüllen und die Flamme entfernen.
Schmücke dann den Drachen mit Dingen, die schön und angenehm sind;
wie z.B. mit etwas Weichem, etwas Buntem, etwas Duftendem.
Hierzu eignen sich evt. Blüten, ein Tuch, Märchenwolle u.s.w.

- einen bösen Wurzeldrachen basteln als Zeichen des Bösen (eine knorrige, lang gestreckte Wurzel mit stacheligem Naturmaterial, Farben, rotes Filztuch),
- wenn vorhanden, die Geschichte Die *wilde 13* von Michael Ende vorlesen,
- parallel dazu den bösen Wurzeldrachen in einen guten verwandeln ...;
- eine Michaelskerze gestalten (passende Motive zum Thema Drachen aus Wachs aufdrücken), im Kreis um die Kerze sitzen und spüren, wie die Kerze abbrennt und langsam die Drachenzeichen verbrennen. Danach Michaelswecken essen;
- zu Ehren Michaels Drachen basteln und steigen lassen, dabei die Erfahrung machen: ich habe meinen Drachen so an der Leine, dass er zu einem *schönen* Flug findet. Dann ist die Freude groß ...;
- aus einem großen Bogen Goldpapier den Engel Michael ausschneiden und auf schwarzen Karton aufkleben.

Tag des heiligen Raphael Der unbekannte Reisebegleiter

(Seite 286–287)

Der Engel Raphael als Symbol der Menschenfreundlichkeit Gottes: einmal als treuer Begleiter des jungen Tobias (wieder das Schutzengelmotiv) und als Heiler (wortverwandt mit heilig):

Gestaltungsmöglichkeiten:
- Jüngeren Kindern die einzelnen Szenen erzählen und dabei die Bilder anschauen ...;
- mit älteren Kindern die Geschichte im Rollenspiel nachgestalten (der Abschied, die Szene am Fluss, die Heilung Saras, die Hochzeit, die Heimkehr);
- bildnerisch gestalten: *Fluss* (blaues Tuch oder Karton), *Fische* (ein großer, viele kleine, bunter Karton), *Pflanzen am Ufer* (grüner Karton), *Tobias und Raphael* (Knetmasse oder Bauklötzchen)
- Fische gestalten (Fensterbild, Ton, Salzteig)

Womit Raphael heilt:
Sinnbilder:
- *Fischleber* (wortverwandt mit Leben); *Fischherz* (durch Liebe heilen), *bittere Fischgalle* (die bittere Blindheit wegnehmen und zum Sehen führen);
- Besuch in einer Apotheke und zuschauen, wie eine Heilsalbe angerührt wird;

Den Engel Raphael um Hilfe bitten
Im Stuhlkreis um eine brennende Kerze sitzen, für ein krankes Kind oder jemand aus der Familie eines Kindes in kurzen Sätzen Raphael um Hilfe bitten;
- für jemand, der unterwegs ist, für den oder die ein Kind bitten möchte, sich an der Hand fassen und wenige Minuten an Raphael denken;
- es kann ein schönes Abschiedsritual in die Ferien sein, den Kindern die Hand aufzulegen mit den Worten: »Der Engel Raphael möge dich in den Ferien begleiten«.

Buchvorschläge für Kinder:
Detlev Block, Engelgeschichten für Kinder, Edition Anker im Christlichen Verlagshaus, Stuttgart, 1998
Dietrich Steinwede (Hrsg.), Er sendet seinen Engel vor dir her, Geschichten und Bilder von den Boten Gottes, Patmos Verlag, Düsseldorf, 1994

Franz von Assisi – 4. Oktober

Einführung (Seite 301)

Das Leben dieses Mannes, der aus seinem Reichtum ausgestiegen ist, um sein Leben in den Dienst der Armen und Notleidenden seiner Zeit und der Schöpfung zu stellen, ist im JB in kurzen Lebensbildern auf den Seiten 301–303 für Kinder erzählt:
Als Sohn reicher Eltern ist er in seiner Jugend auf allen Partys zu Hause. Doch schon mit 25 Jahren kehrt er allem den Rücken, nachdem er durch Kriegserlebnisse und innere seelische Erfahrungen die Welt plötzlich mit anderen Augen sieht. Zum Entsetzen seiner Eltern wird er Bettelmönch und Wanderprediger. Er nimmt sogar den Bruch mit seinem Vater in Kauf.
Franziskus emanzipiert sich auf radikale Weise. Er sieht sich in der Nachfolge Jesu und erkennt für sich die Aufgaben: Bewahrung der Schöpfung, Ehrfurcht vor allem, was lebt und tätige Liebe zu allen Lebewesen. Landauf, landab wird er *Bruder Franz* genannt. Das wurde er für jeden, der ihn brauchte. Viele Menschen schlossen sich ihm an, auch Frauen. Heute noch gibt es Ordensgemeinschaften von Franziskanern und Franziskanerinnen. Die Botschaft von Bruder Franz klingt durch die Jahrhunderte bis zu uns heute und hat nichts an Aktualität eingebüßt.

Wichtige Aspekte:
- Mit ihm die Schönheit der Schöpfung mit allem, was lebt, entdecken ...;
- die Verantwortung für die Schöpfung wahrnehmen (kindgemäße Aspekte: Wasser sparen, Müll sortieren, Abfälle nicht einfach wegwerfen, Tiere artgerecht halten z.B. Problem der Käfighaltung oder Aussetzen der Tiere ...);
- zu viel haben macht oft unzufrieden, teilen dagegen fröhlich ...

Schau her die kleine Blume (Seite 304)

Der Text des Liedes, in einer Erzieherinnen-Fortbildung entstanden, schlägt den Bogen zu Bruder Franz und dem Indianerhäuptling (JB S. 131). Die Verantwortung für unsere Natur wächst, das sollten unsere Kinder schon in ersten Schritten erfahren:
- In den Vergleichsstrophen mit den Kindern über die Probleme sprechen (Blumenpflege, Pflanzengifte – ökologischer Anbau, Abgase, Artensterben der Vögel), dabei unbedingt positive Möglichkeiten aufzeigen und praktizieren;
- Ersingen des Liedes und es mit Gesten und mit den Gegenständen spielerisch gestalten.

Einen Bruder-Franz-Tag gestalten (Seite 305)

Im JB sind hierzu Vorschläge gemacht.

Zwei Literaturvorschläge: (Bilderbuch) Willi Fährmann/Annegret Fuchshuber: Franz und das Rotkehlchen, Verlag Echter/St Gabriel, 2. Aufl. 1990
Max Bolliger, Euer Bruder Franz. Tatsachen und Geschichten aus dem Leben des Franz von Assisi, Huber Verlag, Frauenfeld/Stuttgart, 1982

Reformationsfest – 31. Oktober

Einführung (Seite 306)

Der 31. Oktober 1517 markiert den Beginn der Reformation durch Martin Luther.
Er wurde am 10.11.1483 in Eisleben geboren. Er trat 1505 ins Augustinerkloster in Erfurt ein und wurde 1512 Professor in Wittenberg. Er beschäftigte sich intensiv mit den biblischen Schriften und rieb sich innerlich an Missständen, besonders der Ablasspraxis der damaligen Kirche. Es trieb ihn, Grundlegendes öffentlich zur Diskussion zu stellen. So schlug er am 31. Oktober, dem Vorabend des Allerheiligenfestes 1517 95 Protestthesen an die Kirchentür der größten Kirche Wittenbergs. Dadurch wurde buchstäblich ein Sturm entfacht, an dessen Ende die Spaltung der Kirche stand. Martin Luther geriet persönlich in Gefahr. Auf einem Reichstag in Worms 1521 wurde ihm der Prozess gemacht. Berühmt sind seine Worte geworden, die er dort sprach: »Hier stehe ich, ich kann nicht anders!«
Eine große Kraft muss ihn beseelt haben, dass er den Mut hatte, zu seiner Überzeugung zu stehen. Martin Luther wurde aus seiner katholischen Kirche ausgeschlossen. Er fand vorübergehend Zuflucht auf der Wartburg, bis er nach Wittenberg zurückkehrte. Unter dem Schutz einiger Fürsten wurde dann die evangelisch-lutherische Kirche gegründet.
In den Jahren 1521–1534 übersetzte Luther erstmalig die Bibel in die deutsche Sprache. Sein Anliegen war, dass alle, Männer, Frauen und Kinder, selber die biblischen Erzählungen lesen sollten, um sich so damit auseinander setzen zu können. So setzte er sich auch für die Einrichtung allgemeiner Schulen ein, damit *alle* Kinder die Kunst des Lesens und Schreibens erlernen könnten. Das war besonders für die Mädchen ganz neu.
Heute wird das Reformationsfest im Streben nach Einheit begangen und mancherorts auch mit ökumenischen Gottesdiensten begangen.

An dieser Stelle kann verständlicherweise die theologische Diskussion nicht dargestellt werden. Die älteren Kinder sollten aber, wenn auch konfessionsverschieden, miteinander an diesem Fest des Martin Luther gedenken, der seinen Platz im christlichen Jahreskreis hat:

- als der Gründer der evangelisch-lutherischen Kirche;
- als der Mann, der aus den biblischen Erzählungen seinen Lebensmut fand – wie Sankt Martin im November – für seine Überzeugung einzustehen;
- als der Mann, der die lateinische Bibel in die deutsche Sprache übersetzte und den notwendigen Unterricht in Lesen und Schreiben anregte;
- die Kinder können die altdeutsche Sprache mit der heutigen in der Liedstrophe des Luthertextes vergleichen.

Allerheiligen

Weg durch die Dunkelheit

Die Krähen kündigen den November an (Seite 311)
Was der Nebel fertig bringt
(Bildseite Seite 308–309/Text: Seite 312)

- Das Titelbild S. 308/309 anschauen: warum die Malerin alles grau gemalt hat ...;
- die Stimmung des Bildes mit der Natur draußen vergleichen (Nebel, kahle Bäume, verwelkte Blätter, die Krähenschwärme ...);
- warum der November auch *Windmonat oder Nebelung* genannt wird ...;
- das Gedicht *Was der Nebel fertig bringt* vortragen ...;
- die Kinder von ihren Erlebnissen mit dem Nebel erzählen lassen ...

Allerheiligen – 1. November
Das Fest aller Freunde und Freundinnen Jesu

Einführung (Seite 313)

Das Fest *Allerheiligen* ist schon im 9. Jahrhundert durch den damaligen Papst eingeführt worden. Es ist ein Fest, das sich um die Heiligen rankt. Wer sind nun diese Heiligen, die uns im Jahresbrauchtum aufscheinen, und was haben sie uns und unseren Kindern heute zu sagen?
Wenn wir nach dem Wort *Heilige* fragen, werden wir schon in der Bibel fündig. Der Apostel Paulus, der den ersten christlichen Gemeinden regelmäßig Briefe schrieb, adressierte sie zum Beispiel »an alle in Rom, die von Gott geliebt sind, die berufenen Heiligen« oder »an alle Heiligen in Christus Jesus, die in Philippi sind.« Für Paulus waren also alle normalen Gemeindemitglieder Heilige. Gemeint sind damit die Menschen, die getauft sind und sich bemühen, nach der Botschaft Jesu zu leben, angesteckt von seiner Gottes- und Menschenliebe. *Heil* und *heilig* sind verwandte Wörter. Was es bedeutet, für das Heil in der Welt zu sorgen und dem Unheil die Stirn zu bieten, sind aktuelle Fragen durch die Jahrhunderte geblieben. Davon zeugen im christlichen Jahreslauf und Jahresbrauchtum unterschiedliche Männer und Frauen. Sie sind für uns Beispiele gewagten und geglückten Lebens in der Nachfolge Jesu, zum Beispiel: Barbara, Lucia, Nikolaus, Franziskus, um nur einige zu nennen. Leider haben sie bisweilen in der Tradition im Laufe der Zeit eine Patina von merkwürdiger Einseitigkeit, Bravheit, teilweise Harmlosigkeit und Blutleere bekommen. So ist von Sankt Martin fast nur die Mantelteilung bekannt, nicht aber seine Kriegsdienstverweigerung und sein Einstehen für Gerechtigkeit, auch innerhalb der Kirche. Wir erfahren auch, Heilige sind keine Idealmenschen und leben nicht jenseits von Gut und Böse. Aber sie sind verwurzelt in einem großen Vertrauen in die Gegenwart Gottes in ihrem Leben.« Wo ein großer Mangel an Liebe ist, da brennt ihre Liebe auf; ... wo die Mächtigen nicht den Mut haben, dem Widersacher zu widerstehen, da ringen sie mit ihm waffenlos« (Reinhold Schneider).

Sie haben oft Bewunderung und Begeisterung ausgelöst, sodass sich um ihr Leben Geschichten rankten, die durch die Jahrhunderte weiter erzählt wurden. Daraus wurden leider auch Beispielgeschichten zur Ermahnung mit *erhobenem Zeigefinger*, sodass sie dann entmutigten und ihren positiven Vorbildcharakter verloren. Um diesen positiven Vorbildcharakter geht es heute in einer medialen *Big-Brother-Zeit* wieder neu. Im großen Jahresbuch für Kinder ist so von einigen Heiligen erzählt, dass sich Kinder dafür interessieren und vielleicht den Wunsch verspüren können, *ein bisschen* auch so zu werden, Fähigkeiten dieser Menschen in sich selbst zu entdecken und Selbstbewusstsein zu gewinnen, dass sie Vertrauen in ihr Leben im Bewusstsein von Gottes Nähe finden können.
Allerheiligen wird als das Fest der großen Gemeinschaft der Heiligen, die vor uns gelebt haben und ihre Wirkung in unser Leben hinein entfalten, gefeiert.

Allerheiligen

Der Text greift für ältere Kinder das Thema *Aller-Heiligen* auf und führt in den Sinn des Festes ein.

Aspekte:
- Was uns an den Heiligen, die wir im Jahr kennen gelernt haben, imponiert oder sogar begeistert ... (Barbara, Lucia, Nikolaus, Laurentius, Maria Magdalena ...);
- ein Sinn*bild* zuordnen (Kerze ... Sterne ... Säckchen mit Gold ...), was diese Sinnbilder uns erzählen: z.B. Lucia die Lichtträgerin – das Leben anderer hell machen;
- was kann mein Name mir erzählen? ... warum ich den Namen bekommen habe;
- wenn ich den Namen eines oder einer Heiligen trage, was kann ich darüber erfahren ...?

Gestaltung:
- ein Haus oder eine Häusergruppe im grauen November malen mit leuchtenden Fenstern (siehe Titelbild), in diese hinein Sinnbilder von Heiligen malen, die es hell machen in der Welt ...

Zu Allerheiligen (Seite 314)

Das Gedicht thematisiert die Gemeinschaft der Christen als Freunde und Freundinnen Gottes.

Gestaltungsmöglichkeiten
Material: Tapetenrolle, starker Karton, Farbe, Pinsel, Papprollen, Stoffreste.
- Ein Monatsbild gestalten:
- einen Weg legen mit einer Tapetenrolle;
- die Umrisse der eigenen Füße auf Papier malen, ausschneiden, bunt malen und auf den Weg kleben, es können auch alte Schuhe als Farbstempel dienen;
- die Kinder basteln verschiedene Figuren (umkleidete Flaschen): 1. Strophe: Jesus und zwei Freunde Jesu (ein Mann und eine Frau); 2. Strophe: zwei Freunde und zwei Fremde usw., diese dann den Strophen zuordnen.

Der Himmel (Seite 315)

Diese Geschichte von Albert Schweitzer erzählt davon, wie Himmel und Erde zusammengehören.
Beim Genießen des *Allerheiligenstriezels* (S. 316) kann die Geschichte erzählt werden.
Das Gebäck war ursprünglich ein Gedächtnisbrot für die Toten und der Beschenkte wurde um ein Gebet für die Toten gebeten. In der Erzählung wird dieser Brauch den Kindern auf neue Weise weitergegeben.

Allerseelen

Einführung (Seite 317)

Mit dem Fest Allerheiligen verbunden ist der Allerseelentag. Er wurde um das Jahr 1000 in den christlichen Jahreskreis und seiner Gedenktage übernommen. Eingebettet in die trübe Novemberzeit verbreitete sich der Allerseelentag, an dem für die Toten in besonderer Weise im Gottesdienst und an den Gräbern gebetet wurde, schnell. Es wurde üblich, die Gräber mit den letzten Herbstblumen zu schmücken und ein Licht als Sinnbild für das *Ewige Licht*, anzuzünden, als Symbol des göttlichen Lebens, in das der Tote eingegangen ist.

Das Gedenken an die Toten und damit auch an den eigenen Tod regte zu vielfältigem Brauchtum an, das unseren heutigen Vorstellungen teilweise nicht mehr entspricht. So hat man zum Beispiel früher Speisen und Getreide als Opfer für die Toten auf die Gräber gelegt und dort auch ein Gedenkmahl zu Ehren der Toten gefeiert: ein Brauch, der in vorchristlicher Zeit wurzelt. Die *Allerheiligen- oder Allerseelenbrote* haben hier ihren Ursprung. Sie galten als Glücks- oder Fruchtbarkeitssymbole, somit als Lebenssymbole. Sicherlich zeigt dieser Brauch, der sich in den Gebildbroten bis heute gehalten hat, wie eng Leben und Tod aufeinander bezogen erlebt wurden. Den Kindern ist dieses Gebildbrot im Jahresbuch S. 316 als Zeichen der Verbundenheit von Lebenden und Toten, von Himmel und Erde gedeutet. S. 319 sind Möglichkeiten aufgezeigt, mit Kindern dieser Verbundenheit in Gebet und Tun Ausdruck zu geben.

Für uns verbindet sich der Allerseelentag heute besonders mit dem Gedenken an die verstorbenen Familienangehörigen, mit denen wir uns verbunden fühlen über ihren Tod hinaus. Jeder Stammbaum macht es deutlich: sie sind die Wurzeln unseres persönlichen Lebens. Schon am Vorabend besuchen die Menschen die frisch geschmückten Gräber, oft in gemeinsamer Prozession mit Verwandten und anderen Menschen. Danach treffen sich die Familien in familiärer Runde. Das Gespräch kreist nicht selten um verstorbene Angehörige. Besondere Eigenschaften, die in Erinnerung geblieben sind, kommen zur Sprache. Ähnlichkeiten werden entdeckt und oft ganz unterschiedliche Beziehungen im Familiengefüge. Kinder sind sehr engagiert bei solchen Gesprächen, weil sie um die Frage kreisen: Woher komme ich? »Familientraditionen zu verstehen hilft uns, unser eigenes Schicksal besser zu meistern ... Nur wenn wir verstehen, woher wir kommen, können wir unseren eigenen Weg sicherer und fester finden und gehen« [13].

Zu den Geschichten

Ein neues Leben (Seite 318)

Die biblische Ostergeschichte ist eine Hoffnungsgeschichte. Jesus hat uns die Zuversicht gegeben, dass unser Leben mit dem Tod eine neue Lebensqualität gewinnt.

Die Sternenblumen (Seite 318)

Diese Pflanzenlegende erzählt davon, wie wichtig es ist, achtsam zu sein für die Sinnbilder in der Natur, um »nicht einsam in der Welt zu werden«.

- Die Sternenblumen, die Astern zu einem Strauß binden und auf Gräber bringen, für die niemand mehr sorgt;
- den Familientisch zu Allerseelen mit Astern schmücken und vielleicht die Legende erzählen.

Ob es das alles noch gibt? (Seite 320)

Für zwei Mädchen wird das Erschrecken über das achtlose Totschlagen einer lästigen Fliege zum Anlass, nach dem Tod zu fragen in der Weise: Wo geht das alles hin, was mich ich sein lässt? Hier wiederholt sich der österliche Aspekt der Wandlung (JB S. 165–169 und 176): wir Menschen vertrauen darauf, dass unser ureigenes Selbst und die gesamte Schöpfung aufgehoben ist in einer neuen Seinsqualität bei Gott.

So oder anders (Seite 320)

Die Legende macht deutlich, dass die Fragen *nach der neuen Heimat* ihre christliche Antwort nur finden im Vertrauen auf den auferweckten Jesus.

Wo ist Großvater? (Seite 322)

Diese Erzählung zeigt beispielhaft die Lücke auf, die der Tod innerhalb einer Familie reißt. Kein Grab ist da, an dem getrauert werden konnte. Die Tränen der Mutter zeigen, wie groß der Schmerz über die Jahre geblieben ist und nun durch die seelische Teilnahme des Kindes sich Bahn bricht und sich wandeln kann.

Hubertustag – 3.November Schutzpatron der Tiere und Jäger

Einführung (Seite 323)

Die Legende des heiligen Hubertus ist eng mit einer anderen, der des Heiligen Eustachius verknüpft. Dieser war ein Feldherr des römischen Kaisers Trajan. Er wurde auf einer Jagd durch die Erscheinung des gekreuzigten Jesus in einem Hirschgeweih in tiefster Seele so getroffen, dass er der Jagd abschwor und sich zum Christentum bekehrte. Später wurde er als Christ verfolgt und soll nach der Legende 120 n.Chr. umgebracht worden sein. Nach seinem Tode setzte eine große Verehrung ein. Im 13. Jahrhundert wurde sein Leben in der berühmten *legenda aurea des Jacobus de Voragine* erzählt. Für die Künstler des Mittelalters war die Szene mit dem Hirsch ein beliebtes Motiv für ihre bildnerischen Darstellungen. Die Bekehrungsszene und Verehrung wurden etwa 500 Jahre später auf den Ritter Hubertus aus den Ardennen übertragen, der 709–728 Bischof von Lüttich war. Seit dem 11. Jahrhundert wird Sankt Hubertus als Patron der Jäger verehrt.

Neu zu bedenken gilt es, wie Hubertus Halbfas in *Religionsunterricht in Sekundarschulen* /6 schreibt, dass die Wahrheit dieser Legende darin besteht, den gekreuzigten Christus in den Opfern unserer Ansprüche sehen zu lernen. Da ist das Tier voll einbegriffen. Am 3. November wird der Hubertustag besonders von den Jägern gefeiert. Heute ist es in vielen Orten Deutschlands Brauch, den Heiligen in einer *Hubertusmesse* besonders zu ehren.

Dieser Brauch wirft Fragen auf:

- In der Legende wird erzählt, dass Hubertus das leuchtende Kreuz als Jesu Mitleiden mit der Kreatur erkannte und fortan kein Wild mehr jagte.
- Was bedeutet es, in der Nachfolge des heiligen Hubertus zu stehen mit dem Auftrag der Hege? »Sicherlich muss deutlich werden, dass alles Jagen im Dienst der Hege der Kreatur steht, einem Dienst am Artenreichtum und an der bunten Vielfalt der Schöpfung«[15].
- Heutige Tierhaltung, Tiertransporte und Massenschlachtungen führen uns die erbarmungswürdige Kreatur vor Augen – Agrarproduktion genannt –, die unvorstellbare Qualen erdulden muss, um den täglichen Fleischverzehr in Überfülle für den Menschen zu garantieren. Die Hubertuslegende setzt in ihrer Zeichensprache das Kreuz des mitleidenden Christus dagegen: Christus leidet auch in dem Hirsch, den Hubertus verfolgt – Christus leidet in der gejagten und gequälten Kreatur.
- Hubertus will nach der Legende fortan der Bruder der Tiere sein, wie die Kinder es schon bei Franziskus erfahren haben.

Am Hubertustag (Seite 324)

- Mit den Kindern einen Förster aufsuchen, der über seine Tätigkeit, besonders auch über die Hege der Tiere im Wald erzählt ..., vielleicht die Futterkrippen im Wald zeigt ...;
- die Hubertuslegende erzählen ...;
- was wir über die Achtung und den Schutz der Tiere erfahren ... und lernen können;

Am Hubertustag (Seite 324)

Wenn wir mit den Kindern heute Hubertusbräuche feiern, müssen sie Zeichen unserer Verantwortung für und Verbundenheit mit der Schöpfung sein. Einige Vorschläge sind hier gemacht.

Sankt Martin – 11. November

Einführung

Der heilige Martin ist zumeist nur von der Mantelteilung her bekannt. Obwohl die Begegnung mit dem Bettler und die Teilung des Mantels für den jungen römischen Offizier das Schlüsselerlebnis war, ist die *gesamte* Lebensgeschichte für Kinder und junge Menschen interessant und geradezu eine *Wegweisergeschichte*. Deshalb wird im Jahresbuch für Kinder die ganze Lebensgeschichte Martins in einzelnen Lebensbildern kindgemäß dargestellt. Die Texte im Jahresbuch fußen auf den Aufzeichnungen des christlichen Historikers Sulpicius Severus, der den Bischof Martinus von Tours gekannt hat. Für die Kinder sind sie leicht interpretierend nacherzählt.
Bevor den Kindern von Sankt Martin und später von Sankt Elisabeth erzählt wird, ist es sicher sinnvoll, dass die Erzählerinnen und Erzähler sich zunächst selber mit diesen einzigartigen Menschen auseinander setzen und die einzelnen Bilder ihres Lebens im Jahresbuch für sich betrachten. Das setzt dann eine andere Erzählkraft frei. Deshalb ist im Folgenden zunächst eine Kurzfassung ihrer Lebensgeschichte, die den Hintergrund für die Erzählungen im Jahresbuch bildet, mit einigen Anmerkungen dargestellt:

Sankt Martin (Seite 325–329)

Martinus wird im 4. Jahrhundert in die unruhige Zeit der Völkerwanderung hineingeboren. Sein Vater ist römischer Offizier an einem Militärstützpunkt in Ungarn. Er weiht seinen Sohn dem römischen Kriegsgott Mars. Nach ihm benennt er ihn auch. Martinus muss mit 15 Jahren in eine kaiserliche Elitetruppe eintreten. Der Vater plant eine glänzende Karriere für seinen Sohn. Zu dieser Zeit hat dieser schon Kontakt zu Christen gefunden und ist fasziniert von Jesus, der nicht das Herrschen, sondern das Dienen gelehrt hat. So stellt der junge Offizier das Herr-Dienerverhältnis auf den Kopf: er lässt sich nicht bedienen, sondern pflegt mit seinem untergebenen Diener ein geschwisterliches Verhältnis, eine Provokation in der damaligen Zeit. Er sieht die soziale Kluft seiner Zeit und handelt. Er widersteht in diesem Punkt seinen Vorgesetzten und erträgt den Spott seiner Freunde.

Im Winter 334 wird Martinus nach Frankreich versetzt. Am Stadttor von Amiens trifft er auf einen halb nackten Bettler, der sich zu Tode friert und die Vorübergehenden um Erbarmen anfleht. Niemand schaut das nackte Elend an, bis Martinus kommt. Er teilt spontan seinen wärmenden Mantel mit ihm. Der Bettler hat nun Schutz vor der Kälte aber Martinus nicht vor dem Gespött der Leute. Diese haben nicht den Eindruck, einer großen Tat beigewohnt zu haben. Es erscheint ihnen lächerlich. In der Nacht dann hat Martinus die bekannte und vor allem entscheidende Vision: Im Traum erscheint ihm Christus in der Gestalt des Bettlers mit dem halben Mantel: »Martinus, ich war es, den du bekleidet hast. Du hast meine Worte befolgt: Was ihr einem meiner geringsten Brüder getan, das habt ihr mir getan«. Martinus zieht die Konsequenz aus dieser Traum-Vision. Er will ein Jünger Jesu werden und dem Kriegshandwerk abschwören. Er will in der konsequenten Nachfolge Jesu den Menschen dienen. Ostern 334 lässt er sich mit 18 Jahren taufen.

Die Bewährungsprobe lässt nicht lange auf sich warten. Der römische Kaiser zieht bei Worms ein Heer gegen die Germanen zusammen. Er lässt Geschenke unter die Krieger verteilen, um sie für den Kampf zu motivieren. Martinus tritt mit erstaunlichem Mut vor den Kaiser und lehnt das Geschenk ab mit der Begründung, dass er beschlossen habe, sich in Zukunft nur noch im Dienste des wahren Gottes für den Frieden einzusetzen. Martinus weiß: das ist offene Kriegsdienstverweigerung, darauf steht die Todesstrafe. Der Kaiser wirft ihm Feigheit vor, wohl um ihm eine Brücke zu bauen, seine Meinung zu ändern. Martinus aber bietet sich an, ohne Begleitschutz und unbewaffnet ins Lager der Germanen zu gehen und mit ihnen zu verhandeln. Daraufhin lässt ihn der Kaiser zum Erstaunen aller ohne Strafe ziehen und verabschiedet ihn aus dem Kriegsdienst. Dafür zahlt er mit der lebenslangen Ablehnung durch den Vater. Ablehnung, Spott, Anfeindung und Einsamkeit werden seine ständigen Begleiter im Leben.

Schon im frühen Christentum gab es bereits theologische Auseinandersetzungen. Martinus engagiert sich in einem Konflikt mit arianischen Bischöfen, in der es um die Person Christi geht. Ein Bischof lässt ihn ergreifen und öffentlich nackt auspeitschen, bis er zusammenbricht. Martinus leidet wohl noch mehr an den seelischen Schmerzen als an den körperlichen: Christen, die der Liebe Christi verpflichtet sind, müssten freimütig und ohne Furcht miteinander diskutieren können, wenn sie in theologischen Fragen verschieden denken. Gewaltmethoden, in welcher Form auch immer, gegen Andersdenkende, das kann nicht im Sinne Jesu sein.

Martinus braucht nun die Einsamkeit. Er zieht sich auf die kleine Insel Gallinaria im Mittelmeer in der Nähe von Genua zurück. In inständigem Gebet sucht er Klarheit zu gewinnen: ein Alleinsein mit dem Alleinigen. Er wartet im Schweigen, dass Gott ihm seinen Weg weisen möge. Zurück auf dem Festland führt er das Leben eines Asketen. In der Nähe seines Freundes und Lehrers, Bischof Hilarius im französischen Poitiers, baut er sich eine Hütte, auch Zelle genannt, in der er fortan lebt. Er gewinnt ein großes Ansehen, sodass sich ihm weitere Männer anschließen. Es entsteht das erste ganz bescheidene Kloster. Die Männer beten gemeinsam und verrichten soziale Dienste. So kommt es, dass das einfache Volk, das in dieser Zeit nicht viel Beachtung findet, Martinus tief verehrt.

Das Jahr 371 beendet abrupt dieses Klosterleben. In der Stadt Tours muss ein Bischof gewählt werden. Die Menschen verlangen Martinus als Bischof. Die Bischöfe aus den umliegenden Städten, die das Wahlrecht haben, lehnen das energisch ab. Sie halten ihn für das Bischofsamt unfähig, zu ungepflegt und nicht repräsentativ genug. Aber das Volk lässt nicht locker. Es demonstriert lautstark für Martinus. Die Bischöfe geben nach. Aber nun ist Martinus geflohen, um dieser Wahl zu entgehen. Die Aufgabe scheint ihm zu groß. Eine Legende erzählt, wie die Liebe der Menschen ihn findet und sie ihn zum Bischofsamt bewegen. Der Bischofsmönch bleibt der einfache Mann, ständig unterwegs zu den Menschen, um ihnen die Botschaft Jesu zu verkünden, zu helfen, wo es nötig ist und an den Freuden und Leiden der Menschen Anteil zu nehmen. Niemals sitzt er auf einem Bischofsthron, immer auf einem einfachen Hocker. Er ist ein Mensch der Einfachheit, der tiefen Menschlichkeit und Frömmigkeit mit einer großen Ausstrahlungs- und Wirkkraft, die buchstäblich Wunder tut.
Wieder muss Martinus eine theologische Auseinandersetzung erleben, die damit endet, dass

ein spanischer Bischof 385 dem staatlichen Richter übergeben wird und den Tod durch Enthauptung erleidet: die erste Ketzerhinrichtung im Christentum. Bischof Martinus ist so erschüttert und betroffen, dass er fortan aus christlichem Protest an keiner Bischofskonferenz mehr teilnimmt.

Eine andere Episode zeigt ihn in einer Auseinandersetzung mit dem Kaiser, der zur damaligen Zeit in Trier residiert. Hier geht es um Unrecht und Ausbeutung, das den Untertanen widerfährt. Der Bischof reist nach Trier. Aber der Kaiser empfängt ihn zunächst nicht. Er will ihn demütigen. Martinus bleibt hartnäckig. Als er endlich dem Kaiser gegenübertritt, ist seine Anklage so gewaltig, als ob sie dem Kaiser *Feuer unter seinem Thron* zündete, wie es erzählt wird. Martinus erhält, was er verlangt.
So ist er überall bekannt als Streiter für Gerechtigkeit, als Anwalt der Armen und Bedrängten. Seine Güte und seine Wunderkraft werden weit gerühmt. Trotz seines rastlosen Einsatzes erreicht er ein hohes Alter von 80 Jahren. Er stirbt am 8. November 397 im Kreise seiner Mitbrüder im Kloster und wird am 11. November unter großer Anteilnahme vieler Menschen in Poitiers beigesetzt. Überall wo der Leichenwagen vorbeifuhr, begann es der Legende nach zu grünen und zu blühen, obwohl es November war. Die Natur wurde so zum Zeichen für die Auferweckung des Bischofs Martinus.

Sein Grab wurde sehr schnell zu einer Pilgerstätte. Dieser große Mann, der Beschützer aller Notleidenden und Bedrängten, der Widerständige gegen alle Gewalt, konnte nicht vergessen werden. An seinem Grab wähnte man sich in seiner Ausstrahlungskraft, fand Heilung und Kraft. Im 5. Jahrhundert wurde über seinem Grab eine kleine Kirche erbaut, später eine prächtige Basilika. Zu seinem Andenken wurde sein Mantel in der kleinen Kapelle über dem Grab aufbewahrt. Er wurde zum Symbol der Notwendigkeit sozialen Handelns: Besitzende pflegten fortan, zumindest einmal im Jahr, an seinem Festtag, ihre Untergebenen mit Lebensmitteln zu beschenken.

Aus dem Kult am Grabe des Heiligen entwickelten sich im Laufe der Jahrhunderte verschiedene Brauchtumsformen; denn Sankt Martin wurde zu einem der volkstümlichsten Heiligen bis heute:

Lichterprozession und Fackelzüge: (sein Licht in die Welt tragen)
Martinsfeuer – Bettlerszene: (das Feuer der Nächstenliebe schüren),
der Bettler: (Sinnbild der Not, der Verachtung, der Isolation),
der Schimmel, auf dem Martin reitet: (Zeichen seiner Würde),
der Weckmann oder die Brezel: (das Brot miteinander teilen).
Die *Gänse* sind erst später durch Legenden um die Wahl Martins zum Bischof eingefügt worden. Der Martinstag war früher auch der Zinstag, an dem die Bauern Gänse als Pachtzins für ein Stück Land an ihre adligen Herren oder Klöster entrichten mussten. Als die Bauern dann Jahrhunderte später ihre eigenen Herren auf ihrem Land waren, feierten sie am Martinstag das Ende des laufenden Wirtschaftsjahres mit einem Schlachtfest, bevor die adventliche Fastenzeit begann.

Den jüngeren Kindern sollten die Lebensstationen *Der kleine Mars, Martinus teilt seinen Mantel und Martinus soll Bischof werden und will es gar nicht* erzählt werden.
Den älteren dann besonders auch die Ereignisse,

die den mutigen, den widerständigen, für Frieden und Gerechtigkeit eintretenden Heiligen zeigen.

Den Martinstag feiern (Seite 330–333)

Bis heute ist das Martinsfest ein großer Tag für die Kinder im Brauchtum des Jahres. Im Jahresbuch sind einige Vorschläge der Gestaltung gemacht, die für unsere Kinder heute die Botschaft Martins konkret werden lassen. Auch das aus vielen bekannten Martinsliedern ausgewählte *Ein Bettler saß im kalten Schnee*, getextet von Jakob Holl, macht das deutlich. Dabei braucht die Freude der Kinder nicht zu kurz zu kommen (Vorschläge S. 333).

Elisabeth – 19. November Die Königstochter mit dem großen Herzen

Einführung (Seite 334–340)

Elisabeth von Thüringen ist im Großen Jahresbuch die letzte hohe Gestalt unter den Heiligen des Herbstes, die alle schon auf das helle Licht der Weihnacht hinweisen. Sie ist berühmt als die große Heilige der Caritas, aber weithin unbekannt als die große Liebende im umfassenden Sinn. Sie war eine wahrhaft königliche Frau voller Temperament, mit einem weiten Herzen, gepaart mit einer bezwingenden Demut, aus der heraus sie die Umkehrwelt des Evangeliums wie das Selbstverständlichste von der Welt leben konnte.
1207 als Tochter des ungarischen Königspaares geboren erhielt sie den Namen *Elisabeth*, in der Wortbedeutung *Gottes Siebente*: *Eli* ist die hebräische Bezeichnung für Gott; *sabeth* übersetzt mit Sabbath, Gottes siebenter Tag als Tag der Ruhe und der Freude. Der Name bedeutet so wörtlich: *Elisabeth ruht in Gott am strahlenden siebenten Tag*.
Welche Verheißung in diesem Namen! Doch da steht schon früh ihr Leben dagegen. Als Vierjährige wurde sie, wie zu ihrer Zeit üblich, aus dynastisch-politischen Gründen an den thüringischen Fürstenhof auf der Wartburg gebracht. Dort sollte sie erzogen und dann mit dem Thronerben verheiratet werden. Das bedeutete ein frühes Loslassen, kindliche Ängste vor der Reise ins Ungewisse und zunächst großes Heimweh auf der Wartburg. Später dann fiel sie auf durch ihre Fröhlichkeit, ihr Temperament, ihre Geschicklichkeit beim Spielen, Reiten und Tanzen. Aber sie machte schon als Kind seltsame Abstriche: sie nahm sich zurück, ließ andere vortreten, half denen, die ungeschickter waren. Sie unterbrach nicht selten die wilden Spiele und beugte sich zu Boden für ein kurzes Gebet: »Ich möchte dir, Gott, zuliebe jetzt aufhören ...« – so haben es ihre Freundinnen notiert.
Mit 14 Jahren durfte sie ihren besten Freund, den Fürstensohn Ludwig heiraten. Die Hochzeit war prunkvoll und Elisabeth, *Gottes Siebente*, war überglücklich. Welch ein Schatz ist sie für

unsere Heiligen-Tradition: wann hörten wir denn schon von einer erotischen Heiligen, die verliebt war, von der geschrieben steht: »Sie küsste ihn mit Herz und Mund mehr denn als tausend Stund ...«? Nun war sie strahlende Fürstin. Aber sie blieb wachsam. Sie sah den Rollenzwang der Frauen, die zum Beispiel bei Hofe nicht bei den Männern sitzen durften. Sie handelte dagegen und setzte sich bei Tisch neben ihren Mann. Sie begleitete diesen auf seinen Reisen nicht in der Kutsche sondern neben ihm hoch zu Ross. Und sie übersah den Unkostenapparat der aufwendigen Hofhaltung nicht. Sie registrierte, wie die fürstliche Machthierarchie die Untertanen unterdrückte und sie ausbeutete. Sie stellte sich dagegen. Sie öffnete gegen den Protest des Hofes die Vorratskammern der Burg und teilte Nahrungsmittel aus. Sie ging hinunter in das Elend der Stadt, tröstete und pflegte mit ihren Hofdamen die Kranken. Fürst Ludwig begriff ihre große Liebeskraft und vertraute ihr. Er erkannte durch Elisabeths Handeln: Gottesliebe und Menschenliebe gehören zusammen. Davon geben die beiden Legenden vom *Rosenwunder* und dem *aufscheinenden Bild des Gekreuzigten* in einem Schwerkranken in tiefen Bildern Kunde.

Als ihr Mann bei einem Kreuzzug ums Leben kam, raste Elisabeth vor Schmerz. Ihre ganze Leidenschaft brach bei diesem Schmerz durch. Sie unterdrückte ihre Qual nicht, sie durchlebte sie bis zum Verstummen. Sie rang mit ihrem Gott, der ihr das Liebste genommen hatte und gab sich zuletzt seinem Willen anheim: »Gott, du weißt, wie ich ihn geliebt habe ... Aber gegen deinen Willen möchte ich ihn nicht wieder haben«.

In der Folgezeit wuchs ihr neue Kraft zu. Nach Ludwigs Tod wurde die Macht bei Hof neu geregelt. Die Ausbeutung der Leibeigenen intensivierte sich. Der Hof brauchte Geld. Die Situation für Elisabeth und ihre Kinder eskalierte. Sie musste zuletzt wählen zwischen den Herrschenden und den Beherrschten. Sie wählte den äußeren Abstieg zu den Armen und Rechtlosen, den Weg nach unten und gleichzeitig nach innen. Elisabeth verließ das Fürstenhaus und lebte unter den Armen. Als Obdachlose und nun Machtlose erfuhr sie Ablehnung und Schmach. Zuletzt gab sie ihre drei Kinder zur sorgfältigen Erziehung in die Obhut eines Klosters. So ließ sie das Letzte los.

Nun begann sie eine aufopfernde Arbeit gegen die sozialen Nöte ihrer Zeit. Mit ihrem Witwenerbe errichtete sie das erste Krankenhaus in unserem Land und baute einen Pflegedienst auf. Viele Siechen und Sterbende nahm sie auf. Kranke, die niemand von den Mitschwestern mehr pflegen wollte, pflegte sie. Und sie pflegte nicht nur den Körper, sondern auch die Seele: ihre Fröhlichkeit, ihre Fähigkeit zuhören zu können, ein gutes Wort für alle zu haben, machte ihr Krankenhaus trotz allem Leid zu einer Stätte der Geborgenheit. Hier tut sich der Vergleich zu Mutter Teresa und ihren Schwestern in Kalkutta auf. Erst 24 Jahre alt starb Elisabeth. Bereits ungefähr fünf Jahre nach ihrem Tod wurde ihr Sarg 1236 in die zu ihren Ehren erbaute Elisabethenkirche in Marburg überführt. Der damalige Kaiser Friedrich II. legte eine Krone auf ihren Sarg, *für die Königin in Gottes Reich*. Zur Zeit der Reformation ließ leider ein Landgraf von Hessen ihre Gebeine entfernen. Bis heute weiß niemand, wo sie nun begraben ist.

Elisabeth ist uns heute vor allem als die große Patronin der Caritas bekannt. Auch viele Krankenhäuser sind nach ihr benannt. Sie hatte für Frauen eine große Vorbildfunktion: sie hat dazu ermutigt, sich öffentlich sozial zu engagieren und im Laufe der Zeit auch zu professionalisieren.

Obwohl von zahlreichen Wundern an ihrem Grab berichtet wird, hat sich eigenartigerweise im Gegensatz zu Sankt Martin oder Sankt Nikolaus kein Brauchtum entwickelt. Haben die Wirren der reformatorischen Zeit hier hineingespielt, oder liegt es daran, dass sie in ihrer christlichen Radikalität und Emanzipation eine so verwirrende Frau war und vielleicht deshalb beginnendes Brauchtum nicht weiter gepflegt wurde? Wir wissen es nicht. Wir sollten heute ganz bewusst ihren Festtag feiern. Diese blutvolle, herzensstarke, christlich emanzipierte Frau, diese liebende Heilige voller Power, in der Tiefe ihres Wesens unabhängig, zeigt Kräfte auf, die Heranwachsenden, gerade auch Mädchen, Wege weisen und deuten können:

Von der Fürstin Elisabeth mit dem großen Herzen (Seite 334–340)

Die einzelnen Lebensabschnitte sind auf diesen Seiten für Kinder nacherzählt. Die jüngeren Kinder werden sicher diese Erzählungen in ihrer Bildhaftigkeit wie ein Märchen aufnehmen. Sie erschließen sich ihnen in Bildern, die in ihren Herzen lebendig werden.

Die älteren Kinder können darüber hinaus wie bei Franziskus an die soziale Herausforderung, die in der Gottesliebe verankert ist, herangeführt werden.

- Von Elisabeth erzählen (der kleinen Prinzessin, ihrem Abschiedsschmerz, ihrer neuen Heimat),
- von ihrer großen Liebe zu ihrem Mann (*ein Herz und eine Seele sein ...*)
- und ihrer Liebe zu den armen Untertanen, ihrer Solidarität und ihrem Aufbegehren gegen den Luxus am Hofe,
- vom Rosenwunder und dem Bildnis Jesu in dem Aussatzkranken,
- von der großen Trauer beim frühen Tod ihres Mannes,
- von Elisabeth, der Mutter der Armen,
- von der *Fürstin Krankenschwester*.

Elisabeth hat ein großes Herz, sagten die Menschen. Das Herz symbolisiert den Mittelpunkt des Menschen, von dem alles ausgeht, sein Innerstes und seine Mitte zu finden, seine Fähigkeit, Gefühle auszudrücken.

Herz als Sinnbild für die Lebens- und Liebeskraft:
Das Herz ist ein lebenswichtiges Organ. Solange es schlägt und arbeitet, fließt das Blut durch den Körper und versorgt ihn mit Lebenskraft.

- Wir können unser Herz klopfen hören und fühlen ...;
- beim Nachbarkind die Hand auf die linke Seite der Brust legen und den Herzschlag fühlen ...;
- mit dem Ohr das Herzklopfen hören ...;
- was wir mit dem Herzen spüren können: lieb haben ... jemand nicht mögen ... froh sein
- Zorn ..., Trauer ..., Stolz ..., Angst ...

Redewendungen und Bildwörter suchen:
großherzig, halbherzig, engherzig, herzlos ..., mit dem Herzen sehen – Herzauge – etwas zu Herzen nehmen – sein Herz an jemand verlieren – sich ein Herz fassen – ein Herz und eine Seele sein – man sieht nur mit dem Herzen gut ...; ältere Kinder können sie wieder illustrieren.

Gestaltungsmöglichkeiten:

- Einen Herzbaum gestalten: ein Herz malen und den Namen darauf schreiben, an Zweige in einer Vase hängen, einige ohne Namen mit *herzlich* beschriften, die wir verschenken an kranke Kinder, Eltern ...;

– Herzen aus verschiedenen Materialien gestalten ...;
  und auch backen, mit den besten Herzenswünschen verzieren für ein *Herzensmahl* ...

Was die roten Rosen Elisabeths erzählen:
– wie lieb Elisabeth Ludwig hat ...; wie lieb sie die Armen hat;
– Ludwig sieht die Rosen von innen: Liebe hat seinen Zorn in Verständnis verwandelt ...

Rosenritual:
– Um einen schönen Strauß roter Rosen sitzen ... die Augen schließen ...;
– die Rose mit dem inneren Auge schauen: die Farbe, den Blütenkranz, wie sich die Blütenblätter im Kreis um die Mitte ausbreiten ...;
– wie *meine* Fantasierose ausschaut, die für andere unsichtbar ist ...

Die Kinder dürfen sich eine Rose aus dem Strauß nehmen, sie behalten oder sie jemand schenken.

Gestaltungsmöglichkeiten:
– Die einzelnen Lebensbilder der Elisabeth malen und einen Wandfries oder ein eigenes Bilderbuch gestalten ...;
– Rosenbrot oder Liebeskuchen zur Erinnerung an das Rosenwunder für das Elisabethfest backen:

Rezept hierfür: einen süßen Hefeteig oder auch Biskuitteig ausrollen, mit roter Marmelade bestreichen und dann einrollen. Wenn der Teig sehr weich ist, ca. 15 min. in den Tiefkühlschrank stellen. Dann in dicke Scheiben schneiden und in eine runde Kuchenform zu einer Rose zusammenlegen und backen. Der fertige Kuchen kann mit Papierrosen umlegt werden.

Den Elisabethtag feiern (Seite 341)

Hierzu sind im Jahresbuch Vorschläge gemacht.

Letzter Sonntag im November

Der letzte Festtag im christlichen Jahreskreis ist nicht so vertraut: *Ewigkeitssonntag* nennen ihn die evangelischen Christen oder auch *Totensonntag*, dessen Thematik schon bei dem Fest Allerseelen angesprochen ist.
Die katholischen Christen nennen ihn *Christkönigsfest*, ein Fest, das noch keine lange Tradition hat und so ohne Brauchtum ist. Das lässt der Fantasie Raum.

Einführung (Seite 342–343)

Mehrmals ist in der Bibel von Jesus als dem König die Rede. Nach seiner Geburt sind drei Weise auf der Suche nach dem neugeborenen König. Und was finden sie? Kein königliches Baby sondern ein kleines armes Kind in Windeln gewickelt, das sich in nichts von anderen unterscheidet. Aber der erwachsene Jesus als der Rabbi mit seinem Gefolge, obwohl äußerlich unauffällig, zeigt wahrhaft königliche Züge: er ist frei, souverän, sich seiner Berufung sicher, unabhängig. Wir erleben ihn als Herrn über sich selbst, aber der nicht über andere herrschen will, der niemand unterdrückt und keine Macht ausübt, der sich vielmehr solidarisch mit den Unterdrückten und Schwachen zeigt. Palmsonntag reitet er auf einem Arme-Leute-Esel als Arme-Leute-König in Jerusalem ein. Bei seinem Prozess gefragt, ob er ein König sei, bejaht er das und nennt sein Königreich als Gegenreich zu dem bestehenden. So hängt man ihm einen Spottmantel um, drückt ihm eine Krone aus Dornen auf den Kopf und verhöhnt ihn: »Seht da den König der Juden«.
Um dieses Königreich Jesu Christi geht es bei diesem Fest. Zu Beginn des Advent, später beim Fest *Christi Himmelfahrt* ist es den Kindern schon vorgestellt: Überall da, wo der Mensch Jesus Christus in sich als König bejaht und sein Programm der Liebe umsetzt, beginnt sein Reich. Das ist die befreiende Botschaft dieses Festes: Nur wer wirklich frei und souverän ist und sich innerlich nicht unterdrücken lässt, vermag auch zu dienen. Bei Johannes in der Offenbarung können wir lesen: *Er hat uns zu Königen gemacht*, eine Würde, aus der heraus wir, wie viele große Gestalten im christlichen Jahreskreis, frei, souverän und dienend unser Leben gestalten können. Die letzte Seite des Jahrbuches zeigt in einem Bild die Vision dieses Königreiches.

Sinnbild: Dornenkrone

- Einen Dornenzweig vorsichtig anfassen: spitz ... piekt ... kann verletzen ... schmerzt ... weist ab ... schützt auch z.B. die Vögel in Dornenhecken ...;
- Dornen sind ein Bild für: Schmerz, Kummer, Leid ...;
- wann ich dornig bin, abweisend, verletzend, Schmerz zufüge ...;
- einen Dornenkranz, eine *Dornenkrone* binden (mit dicken Gartenhandschuhen);
- was die Dornenkrone erzählt: Jesus hat sie tragen müssen – die Menschen wollten ihn verletzen, verspotten, ihm an Leib und Seele Schmerzen zufügen ...;
- Menschen, die auch (unsichtbar) eine Dornenkrone tragen: die große Schmerzen haben, die verspottet, abgewiesen werden ...;
- Gott erschien Moses im Dornenstrauch: Gott ist bei Jesus, auch bei uns im Schmerz;

– in die Dornenkrone Blüten (Rosen zum Beispiel) stecken: aus dem Schmerzens-/Todeskranz wird ein Lebenskranz (Ostern: Gott hat Jesus die Todeskrone abgenommen und die Lebenskrone aufgesetzt).

Sinnbild Königskrone:

– Wo möglich in einem Museum oder auf einem Foto eine Königskrone anschauen:
  schön, prächtig, herrlich, aus Gold mit bunten Edelsteinen ...;
  sie schmückt, richtet auf, ruft Bewunderung hervor; Zeichen der Macht, die eine Macht des Herzens sein soll ...;
– wer sie trägt, ist mächtig, soll beschützen und nicht unterdrücken.

Gestaltungsmöglichkeiten

– Eine blühende Dornenkrone als Lebenskranz und eine Königskrone gestalten oder malen, dazwischen eine Kerze mit Jesussymbolen stellen;
– mit älteren Kindern das Bild vom königlichen Gottesreich, wie es auf S. 343 beschrieben ist, als Schlussbild des Jahreskreises großformatig gestalten;
– für ältere Kinder: mit dem Adventslied *Macht hoch die Tür* den Bogen vom Beginn des Jahreskreises bis zum Ende ziehen, mit Jesus als dem König:

O wohl dem Land, o wohl der Stadt, so diesen König bei sich hat. Wohl allen Herzen insgemein, da dieser König ziehet ein.

Anmerkungen

1 Franz Nießen, Botschaft des Brotes. Von Brauchtum und Heiligkeit des Brotes, Kevelaer 1985, S. 28
2 ders., S. 30
3 ders., S. 40
4 Hermann Kirchhoff, Christliches Brauchtum, München 1995, S. 64
5 ders., S. 55/56
6 Georg Bubolz (Hrsg.), Religionslexikon Cornelsen Scriptor, V. 1990, S. 300
7 ders., S. 95
8 Theodor Schneider, Wir sind sein Leib. Meditationen zur Eucharistie, Mainz 1977 (Topos 65), S. 38
9 Hermine König/Karl Heinz König, Tut dies zu meinem Gedächtnis: Elternheft. Mütter und Väter begleiten ihre Kinder zur Erstkommunion, München 1999, S. 36
10 Catharina Halkes, Gott hat nicht nur starke Söhne, Gütersloh 1980, S. 116
11 Christa Mulack, Maria. Die geheime Göttin im Christentum, Stuttgart 1991, S. 238
12 aus: Drachen: Ausstellung im Kindermuseum der Staatl. Kunsthalle Karlsruhe 1980
13 Hans Gerhard Behringer, Die Heilkraft der Feste, München 1997, S. 274
14 ders., S. 320
15 Hermann Kirchhoff, a.a.O., S. 209